教养的力量

梁欣蕊◎主编　刘芳芳◎编
草涂社◎绘

電子工業出版社
Publishing House of Electronics Industry
北京·BEIJING

图书在版编目（CIP）数据

教养的力量 / 梁欣蕊主编 ; 刘芳芳编. -- 北京 : 电子工业出版社, 2024.6

ISBN 978-7-121-47881-9

Ⅰ. ①教… Ⅱ. ①梁… ②刘… Ⅲ. ①礼仪－中国－少儿读物 Ⅳ. ①K892.26-49

中国国家版本馆CIP数据核字(2024)第102141号

责任编辑：季 萌
印 刷：天津画中画印刷有限公司
装 订：天津画中画印刷有限公司
出版发行：电子工业出版社
北京市海淀区万寿路173信箱 邮编：100036
开 本：889×1194 1/16 印张：9 字数：239.2千字
版 次：2024年6月第1版
印 次：2024年6月第1次印刷
定 价：49.80元

凡所购买电子工业出版社图书有缺损问题，请向购买书店调换。若书店售缺，请与本社发行部联系，联系及邮购电话：（010）88254888，88258888。

质量投诉请发邮件至zlts@phei.com.cn，盗版侵权举报请发邮件至dbqq@phei.com.cn。

本书咨询联系方式：（010）88254161转1860，jimeng@phei.com.cn。

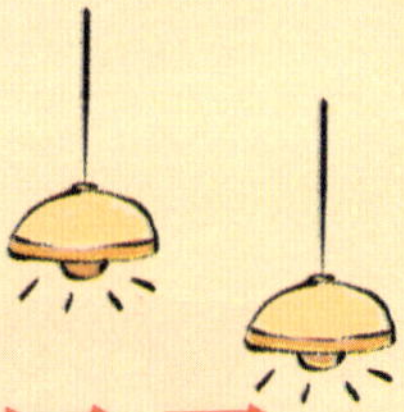

目录

餐桌有礼仪

谈吐有礼仪

聚会有礼仪

旅行有礼仪

节日习俗有礼仪

正式场合有礼仪

公共场所有礼仪

餐桌有礼仪

餐具摆放有规矩

每次吃饭前，都是妈妈摆放餐具。

谢地把筷子放在筷架上，其中有两对长短不一。

谢地端来碗筷，堆放在餐桌上。

一家人开始用餐了，谁知淘气包谢地又做了一件很没礼貌的事情。

一大早，妈妈开心地做着早饭。

厨房里的餐具们都醒过来了。

“皮皮，帮妈妈摆好筷子和勺子吧！”皮皮很快跑进厨房。

“这样不对！”筷子提醒皮皮，“要把我放在碗的右边！”

“哎呀，”勺子也叫起来，“不要把我的背朝上！”

皮皮小心翼翼地摆好筷子和勺子，杯子又嚷嚷起来：“我不要待在凳子上！”

皮皮连忙将它放在饭碗前，大家这才松口气。

热乎乎的粥盛到碗里，妈妈说：“喝粥喽！”

皮皮这才坐到椅子上：“香喷喷的粥，谢谢妈妈！谢谢餐具们！”

餐具们小声回应着：“不客气。”

中国是礼仪之邦，在用餐方面是非常讲究的，礼仪细致到餐具的摆放。在家庭用餐中，餐具摆放相对简单；如果是在外用餐，尤其是宴会，摆放餐具更是一套非常讲究的礼仪程序，摆台礼仪的恰当与否直接关系到客人的用餐体验，因此不能有半点儿疏忽。

1. 餐具摆放顺序。

从主人席位开始按照顺时针方向依次摆放。

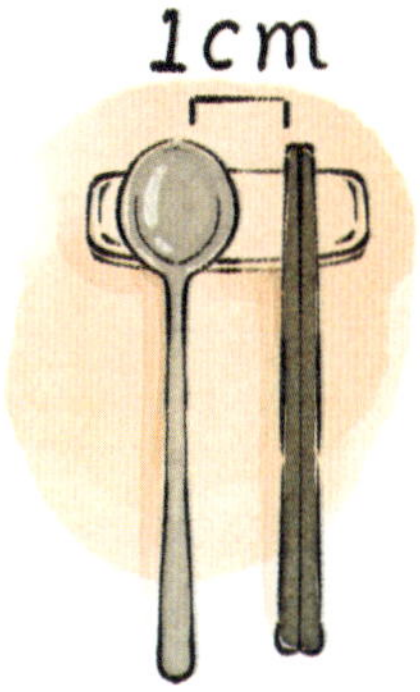

2. 公勺与公筷的摆放。

公用勺子和公用筷子之间距离约1厘米。

3. 摆放要协调。

摆放时花纹（字头、店徽）要对正，协调一致。

4. 饭后要整理好餐具。

吃完饭后，把筷子、勺子摆放整齐，而不是随便交叉着放置在桌子上。

不要做第一个动筷子的人

谢地很不高兴，阿姨带着弟弟小丁来他家做客，小丁精力旺盛，非常淘气。

吃饭时间到了，餐桌上摆了几盘妈妈和阿姨一起做的美味佳肴。

小丁坐在地板上蹬腿大哭。

谢地做了一件让波比都难以置信的事情。

谢地很开心，小丁突然变得很听话。

婚宴上，菜肴陆续被端上桌。

鹏鹏看到自己喜欢吃的菜，就用脚踩着椅子，拿着筷子在盘子里来回扒拉……鹏鹏妈妈看见了，顺手就把鹏鹏喜欢吃的菜一股脑地倒进了自己儿子的碗里，嘴里还念叨着：“我家孩子挑食，就喜欢吃这些。”

在一旁的袅袅则安静地坐着。在大家都没有动筷子前，她从不去动桌上的任何餐具。正式开餐后，她一直安静地吃着自己盘子里的菜，别人夹菜给她，她都会礼貌地说一声“谢谢”。

两个年龄差不多的孩子，在饭桌上的表现相差甚大。你想做他们中的哪一个呢?

无论是在宴会上，还是在自己家里，传统的用餐礼仪都是长辈先动筷。然而在有些家庭中，有的孩子还没等家里长辈坐到桌子前，在菜刚刚端上来时，就先动筷子了。小筷子藏着大学问，即使肚子再饿，也不能急着先于长辈动筷子，这样大家会觉得你很没规矩哦!

1. 以长辈和客人为尊。

用餐前，要请长辈和客人先动筷子。

2. 先请长辈和客人品尝。

上菜后，要先请长辈和客人品尝，并把他们喜欢吃的菜，放在他们面前。

3. 不要随意转桌子的转盘。

当有人夹菜时，不能转桌子上的转盘。

4. 不吃独食。

在吃饭时，不能只顾着自己，不可以把喜欢的菜全都夹到自己的盘子里。

5. 夹菜要适量。

夹菜要夹适量，不要一下子夹满自己面前的小碟或小碗，唯恐吃不饱一样，很不好哦!

进餐时正确使用筷子

厨艺高超的外婆来了，谢地终于可以大饱口福啦！

谢地拿着一根筷子在餐桌前一边翻转，一边盯着美味的饭菜流口水。

外婆优雅地拿起筷子，从头到尾没有一点儿声音。

不过没安静几分钟，谢地又坐不住啦！

谢地给外婆轻轻捶背。

相传大禹因为治理水患三过家门而不入，在野外进餐时，常常因为赶时间而不得不尽快用餐。吃凉的食物他会囫囵吞枣，但如果是刚煮熟的肉，因为烫，他不得不等待。有一次，他实在等不及了，就去折了两根树枝，试着从滚烫的汤水里夹肉，试了几次后，他便能熟练地使用树枝了。可以说，树枝是筷子的雏形。

筷子是我们的祖先发明的重要餐具。筷子在人类文明史上是一个值得骄傲和推崇的发明。如此简单的东西，却巧妙地运用了物理学中的杠杆原理。

1. 不要舞动筷子。

在餐桌上说话时，不能像用指挥棒似的舞动筷子。

2. 多用筷子吃饭。

曾有学者测定，人在用筷子夹食物时，肩、胳膊、手腕、手指等有 80 余个关节和 50 条肌肉在运动，使用筷子还可以促进大脑的发育。

3. 筷子只能用来夹取食物。

筷子只是用来夹取食物的，用筷子剔牙、挠痒或是夹取食物之外的东西都是不合适的。

4. 不要口含筷子。

嘴里含着筷子，并时不时地发出声响，这种行为是没有教养的表现。

5. 不能用一根筷子吃饭。

不能像使用竹签一样使用筷子，那样会使一起吃饭的人误以为你在羞辱他们，这是很失礼的表现。

吃饭要细嚼慢咽

谢地想要尽快去看电视，所以吃饭时狼吞虎咽。

谢地一边耐着性子慢慢吃，一边听波比讲“狼吞虎咽”的故事。

谢地可不想像猪八戒那样狼吞虎咽，他决定以后无论多着急，吃饭都要细嚼慢咽。

猴妈妈做好了香喷喷的饭菜，小猴子刚坐到饭桌旁，就听到小伙伴们叫他："小猴子，快点儿，我们一起玩捉迷藏。"

小猴子顿时慌张了……妈妈说："别着急，慢点儿吃，不然会消化不良。"

可小猴子只想出去玩，他以最快的速度吃完饭，然后跑出了家门。

一路上，小猴子不停地打嗝，还感觉肚子胀胀的。渐渐地，小猴子的肚子越来越疼，最后疼得他在地上打滚儿。还好猴妈妈把小猴子抱回了家，给他吃了药，小猴子才慢慢好起来。

猴妈妈说："刚才吃饭那么急，我就知道你会不舒服的。"

这下小猴子记住了，不管有多着急的事情，吃饭时他都不会再狼吞虎咽了。

在餐桌上，不要狼吞虎咽地吃饭，这样不仅会给人留下不好的印象，还会影响自己的健康。应该细嚼慢咽，始终保持优雅的姿态。狼吞虎咽对身体健康一点儿好处都没有哦！

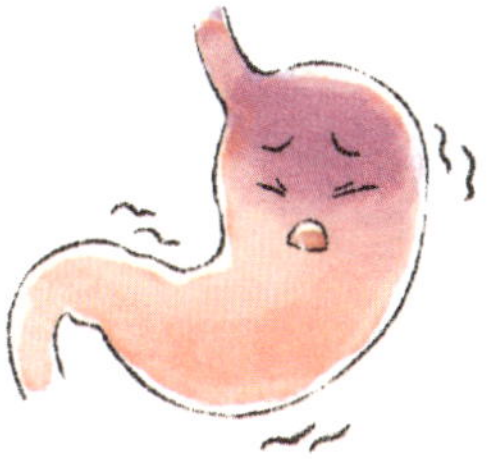

1. 增加胃部负担。

狼吞虎咽会导致胃部消化功能下降，增加胃的负担。

2. 容易积食。

在狼吞虎咽地进食过程中，人体会摄入很多空气，使胃部胀气，降低消化速度，出现积食的现象。

3. 引发肥胖。

狼吞虎咽地进食可能会欺骗大脑，大脑以为身体还没吃饱，从而摄入过多的食物，引发肥胖。

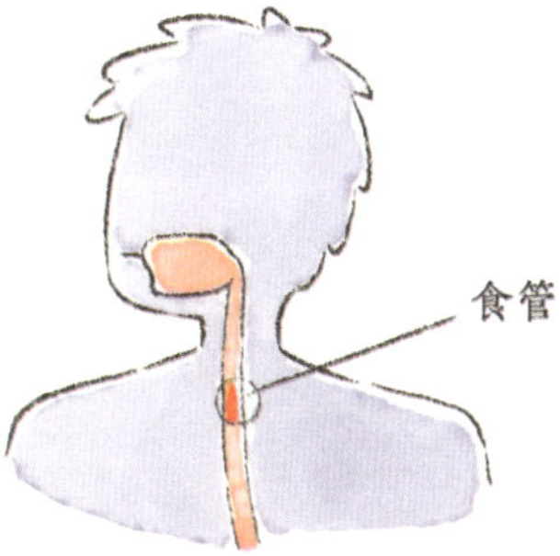

4. 损伤食管。

吃饭过程中狼吞虎咽有可能会损伤食管，在吃饭时应该放慢速度。

在学校食堂更要遵守就餐礼仪

谢地很喜欢在学校食堂吃饭，他很喜欢热热闹闹的就餐氛围。

鱼刺卡在了谢地的喉咙里，他满眼泪水。

谢地听了老师的话，及时去医院，在医生的帮助下，把鱼刺拔了出来。

食堂的历史很悠久，在原始社会末期，人们由逐水而居的迁徙生活转变为农耕的定居生活。

当时人们以血缘关系组成了共同生产和生活的氏族。每次吃饭时，大家就会烤火、跳舞，把捕来的野兽、摘来的野果子堆放到一起，然后一起享用，这就是食堂的雏形。这种一起吃饭的形式，加强了原始人之间的沟通与合作能力。

而最早的公共食堂，由古希腊的奥诺羯利亚部族的王——意大卢建立，这个“共餐制度”及其若干法律一起流传了下来。

在食堂取菜时尽量避免说话、咳嗽、打喷嚏。按顺序排队，不挤、不抢、不插队、不逆向行进，保持适当距离，给前排打餐的人留出足够的空间和时间。对于有特殊需要的人应优先礼让，主动提供方便。

1. 有秩序地进入食堂。

要有秩序地进入食堂，不要冲、跑、挤，要互相谦让。

2. 请老师先入座。

如果和老师在一起吃饭，要请老师先入座。

3. 不乱吐、乱扔。

骨、刺之类的东西不要随地乱吐，可放到餐具里或垃圾桶里。

4. 文明就餐。

在就餐的过程中不要大声喧哗。打喷嚏、剔牙应以手掩口，不要对着别人。

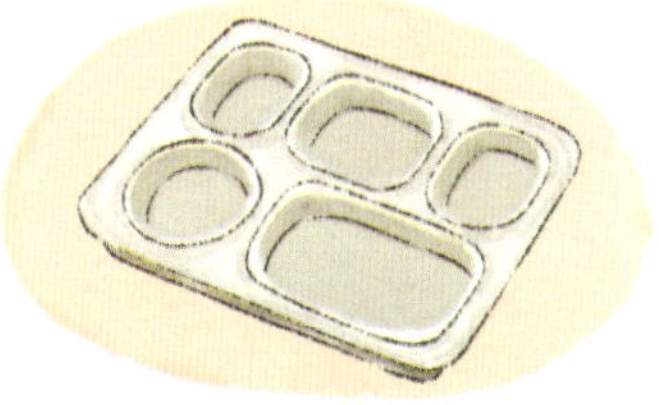

5. 收拾餐具。

就餐后及时将餐具放到指定位置，保持就餐地点的整洁，尊重食堂员工的劳动。

吃西餐的礼仪

这是谢地第一次在西餐厅用餐，他对一切充满好奇。

谢地在波比的解说下，了解了各种餐具的使用方法，但真正用起来却不是那么回事儿……

总算吃饱喝足了的谢地，感觉吃西餐很累，就像打了一场仗一样。

吃西餐的时候，对入座是有要求的。

进入西餐厅或晚宴现场时，由服务生带领入座，一定不要贸然入位。

男士或服务生要记得帮同行的女士拉开椅子，协助其入座，一般由椅子左侧入座。

座位的安排是：离出口最远的位置为上位。

西餐的座次以男主人、女主人为中心，男主人、女主人面对面坐，女主人面向门的方向。第一位入座的是贵宾的女伴，坐在男主人的右边，男贵宾则坐在女主人的右边。男客人与女客人分开坐。

用餐时，刀叉的不同摆放位置，代表了不同的意义，具体如图所示。

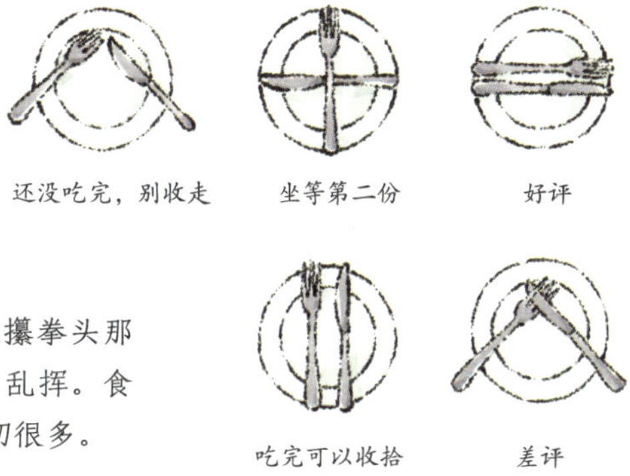

1. 正确握刀叉。

左手拿叉，右手拿刀，不要像攥拳头那样握刀叉，更不要手握刀叉在空中乱挥。食物要切一块、吃一块，不要一下子切很多。

2. 正确使用餐巾。

不要把餐巾像挥旗子那样挥，餐巾用完后，要放在餐桌上盘子的左侧。

3. 咀嚼东西时嘴要闭紧。

只要嘴里有食物，绝不能开口说话。

4. 剔牙。

如果塞牙了，切忌在餐桌上剔牙，可以去洗手间。

5. 吃面包的讲究。

将面包掰成小块，吃前在小块面包上抹黄油，不要为了图方便，将整个面包都抹上黄油。

饮茶不能失礼仪

谢地跟着爷爷第一次上茶室，可出了不少洋相。

谢地在茶室里坐立不安，这里的气氛和他的性格格格不入。

谢地有些后悔跟着爷爷来茶室了，对他来说，这里实在是太无聊了。

终于走出茶室了，谢地解放了，爷爷却很不高兴。

“喝茶本身是一门艺术。”这是作家老舍说的。

老舍喜欢一边创作，一边喝茶，如果没有茶，他觉得喝多少水都不能解渴。所以每每出国或外出体验生活，他都会随身携带茶叶，饮茶可以说是他一生的爱好。

有一次，老舍去莫斯科开会，接待人员知道他的喜好，专门给他准备了一个热水瓶。一到目的地，老舍就赶紧给自己沏了一杯茶，想要慢慢品。谁知他才喝了几口，一时没注意，服务员竟然把杯子端走了，并且把茶水给倒掉了。老舍非常生气：“难道她不知道中国人喝茶是可以喝一天的？”这就是东西方文化的不同，服务员以为那是老舍喝剩下的茶根儿，所以给倒掉了。

后来还有一段趣事，嗜茶的老舍居然想要戒茶，原因是茶价高涨，他觉得自己快要喝不起了。不过他也就叫嚷了一阵子，最后该饮还是饮，可见茶对他的吸引力有多大。

中国的茶文化博大精深，喝茶的规矩也不少。被朋友邀请去喝茶，说明朋友非常重视这段关系。喝茶要注重礼仪，这也是对他人的一种尊重。

1. 一定要尊重奉茶者。

一定要注视奉茶者，并说：“谢谢！”如果是长辈给你奉茶，一定要起身，双手恭敬地接茶，对茶叶和泡茶技艺表达感激与赞赏。

2. 喝茶的姿势。

喝茶时一手端起茶杯，另一手轻扶杯垫，防止杯垫掉落。喝茶时不要发出声音，且不要用嘴滤茶。用拇指和食指捏住杯沿，避免手指触碰杯口。

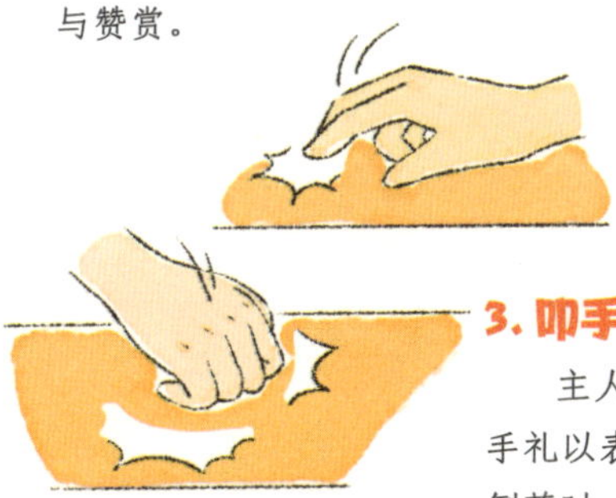

3. 叩手礼以表感谢。

主人给你倒茶时，要用叩手礼以表示感谢。当长辈给你倒茶时，你要向长辈行叩指礼：五指并拢成拳，拳心向下，然后五个手指同时敲击桌面，相当于五体投地的跪拜礼，一般敲三下就可以了。

4. 喝茶勿皱眉。

到别人家做客，喝茶的时候不要皱眉，否则主人会以为你对茶水不满，这样很不礼貌。

谈吐有礼仪

要学会打招呼

谢地家来了两位客人。

谢地打消了和弟弟玩的念头，妈妈却让他再想想办法。

谢地决定先和波比玩，也许会把小弟弟吸引过来。

小马刚搬新家，她很想认识新朋友。

小马鼓起勇气走过去，说：“大家好，我刚搬来，能和你们一起玩吗？”“好啊！”大家十分欢迎。小马认识了不少新朋友。

这天，大熊在浇花，小马走上前说：“熊阿姨您好，您的花园真漂亮！”“真是个有礼貌的孩子！”大熊送了一朵花给小马。

告别了大熊，小马正准备回家，看见山羊提着一大袋子东西，她立刻走上前，说：“爷爷您好，我来帮您吧！”

小马回到家，高兴地对妈妈说：“今天可真高兴，我跟很多人打了招呼，还交到了许多朋友。”

打招呼是人们日常交往中常用的礼节之一，看似简单，其实也有不少讲究。如果做不好，就会给人以傲慢的印象，成了无礼的举止。

1. 主动大方。

看到认识的人，不管年龄是否有差距，都应先主动大方地和对方打招呼，这样会显得彬彬有礼、落落大方。

2. 因地而异。

在大街上、公园里遇到熟人，都可以大声地打招呼。但在看电影、演出时，招招手、点点头就可以了。

3. 因时而异。

不同的时间，打招呼的用语也要相应改变。早晨用“您早”“您好”；中午用“您好”“您吃饭了吗”；晚上用“晚上好”等。

4. 顾及他人的感受。

如果打招呼的对象不止一个人，就要做到面面俱到。如果是两位长辈，可以说：“伯伯们好！”如果遇到三人以上，只有个别熟悉的，可以先和熟人打招呼，但目光得顾及其他人，以表示对其余人的尊重。

做一个谈吐文雅的人

电影还没放映，座位上的谢地和波比静静地等待着……

周围的人向说话的男孩儿和女孩儿看过去，议论纷纷。

男孩的爸爸连连向大家致歉，并严厉地批评了他。

看完电影，谢地和波比走出影院，感慨万千。

牛皋路遇一位老者，便大吼：“喂，那老头儿，爷问你，农场咋走？”

老者说：“你往前走个 1500 丈。”

牛皋惊讶地问：“你这老头儿，不说里，竟然说丈！”

老人回应道：“我们这儿说丈不说‘里’。”

牛皋气哼哼地走了。

过了一会儿，岳飞也遇到了这位老者。

岳飞下马后，上前施礼，问道：“请问老丈，可曾看见一个骑黑马的人？他往哪条路走去了？”

老者见岳飞谈吐文雅，颇有礼貌，便热心地给他指了路。

这就是俗话所说的：“礼到人心暖，无礼讨人嫌。”

口乃心之门户，一个人留给他人的第一印象不只是外表，更重要的是举止谈吐。优雅的谈吐彰显着一个人的教养与气质，而一个谈吐清新脱俗的人，同时也会倍受尊重。

1. 注意音量。

说话的音量控制在只要交谈对象能听清楚就可以。如果粗声大气的，不仅可能吵到对方，也显示自己缺乏教养。

2. 注意语态。

说话时一定要恭敬有礼，不要指手画脚、咄咄逼人，最佳语态是自然、平等、舒缓的。

3. 注意语气。

与他人交谈时，语速要舒缓，语调抑扬顿挫，语气切忌生硬、急躁。

4. 注意语速。

语速尽量稳定、张弛有度，过快或过慢都给人一种没有条理和慌张的感觉。

倾听是一种修养

谢地的两个好朋友毛毛与皮皮，今天都来谢地家玩。

谢地在棋局上“杀”得天昏地暗，皮皮与谢地的爷爷待在书房里。

让谢地吃惊的是，一向严肃的爷爷竟把皮皮送到了门口。

戴尔·卡耐基被誉为“20世纪最伟大的心灵导师和成功学大师”。

有一天，卡耐基去参加一场很重要的晚宴，在晚宴上，他遇到了一位非常知名的植物学家。卡耐基自始至终都没有与植物学家说上几句话，只是全神贯注地听着。

然而等到晚宴结束以后，这位植物学家向主人极力称赞了卡耐基，称他是这场晚宴中“很能鼓舞人”的一个人，更是一个“有趣的谈话高手”。

卡耐基根本没怎么说话，只是用心地聆听，但是这恰恰获得了这位植物学家的好感。

由此可见，善于倾听，可以收获好感。

“用十秒钟的时间讲，用十分钟的时间听。”在与人交谈时，认真聆听对方的谈话，是对讲话者的一种尊重，还能加深两个人之间的感情。反之，对方还没有把想说的话说完，你就听不下去了，这最容易使对方自尊心受挫。

1. 倾听要全神贯注。

研究表明，一般人只能记住当场听到的内容的60%~70%，如果不专心，记住的就会更少。所以一定要全神贯注地听对方讲话。

2. 注意对方说话的方式。

对方的表达方式、语气、语调等都在传递着某种信息，一定要多留心，真正理解对方传递的全部信息。

3. 要虚心。

作为听众，要善于请教，可适时发问，表明自己对对方所讲内容的关心、理解和重视。

4. 要有耐心。

尊重对方，应保持耐心，让对方把话讲完，不要轻易打断或插话，也不要时刻准备反对和反驳对方。

不要在背后议论他人

同桌杨杨告诉谢地，自己马上会成为班长，这让谢地很羡慕。

谢地不再和杨杨争论，他觉得杨杨并不适合当班长。

班会时，老师宣布了班长的人选——豆豆。

秀才阿田喜欢与和尚义布聊天，可他每次都要说身边人的长短。“你不要在背后论人长短，要积口德，不要造口业。”义布劝阿田，但阿田却不以为意。

这天，两个人在聊天，“我那邻居最能吹牛，那天他说自己见到了京城的官员，还说自己的文章受到了人家的赏识，可笑不？”“我和他同窗十载，常听他吹嘘，说很快会金榜题名，到现在还是个秀才！”一个人附和道。原来这两个人，一个是秀才的邻居，一个是秀才的同窗，而他们议论的对象，正是秀才阿田。

秀才听说后十分生气，和尚对他说：“我们都讨厌小偷，因为他们总是在背后偷偷摸摸。可我们每个人其实也都偷偷摸摸地在背后论人短处，这和小偷的行径有什么两样呢？”

从此以后，秀才阿田再也没有在背后议论和讥笑过别人。

曾国藩说：“若想做一个好人，做一个完人，要始终怀着敬畏心对待别人，如果能做到不轻易评论任何人，那么就能够使神钦鬼服，见识日进，正气日刚。否则，不知不觉坠入卑污一流，必定有被别人看不起的那一天，所以不可不慎重。”

1. 要谦虚和包容。

做一个有修养的人，不要用自己的长处和别人的短处相比，要谦虚和包容。

2. 不要盲目攀比。

不要盲目攀比，不要在背后说别人的坏话，要时刻反省自己的不足，让自己的思想和思维能力变得更加强大。

3. 委婉地和别人交流。

要委婉地和别人交流，不要直接说出来，或在背后议论，因为有些言论可能会伤害到对方的自尊心。

4. 学会克制。

克制自己，不说别人的坏话，也不要跟着别人附和或讨论。不听是非，不传是非，不说是非，管住自己的嘴。

别人说话时，不要插嘴

爸爸和朋友在客厅聊天，谢地可爱凑热闹了，忍不住凑了过去……

谢地感到很委屈，他认为自己没说错什么。

妈妈做了一桌丰盛的晚餐，爸爸和朋友在饭桌上又开始聊天了。

多多这个小孩儿可爱插嘴了，不管别人说什么，她都要插嘴。

同学朗诵了一首诗，老师夸奖道："太动听了！大家……"多多插嘴说："这有什么了不起的，我也行！"

同学们正在捉迷藏，一位女生大声说："我来啦，我要……"多多插嘴说："我知道他们躲在哪里！我全知道！"大家都很生气："多多真多嘴！不玩了！不玩了！"

班里开演唱会，一位女生唱了一首歌，大家都在鼓掌。

"这声音很空灵，还很有张力……"老师点评道。

多多又插嘴道："我的声音也很好听呀！"

妈妈说："多多呀，别人说话的时候，你一定不要插嘴！"

多多反驳道："可我就是想说嘛！"

老师说："多多，你等别人把话讲完你再讲。"

多多反驳道："可我等不及了呀！"

同学们都不爱和多多玩，他们说："多多这么爱插嘴，我们才不跟她玩呢！"

作家海明威曾说过："我们花了两年的时间学会说话，却要花上六十年来学会闭嘴。"生活中，不少人会在他人讲话的时候，打断别人或插话，这是很不礼貌且不受欢迎的行为，会引起他人的强烈反感。

1. 学会自我控制。

控制自己想插嘴的心理，打断别人说话或者中途插话，这是不礼貌、不尊重人的行为，也是一种缺乏教养的表现。

2. 要换位思考。

每个人都想完整地表达自己的观点和想法，试想如果自己正说到兴头儿上，被别人打断，思路乱了，说话的兴致也受影响，心里也会不舒服。

3. 打断时要有技巧。

虽然打断别人的话是很不礼貌的行为，但也会遇到必须打断的情况，此时可以给一些小暗示、小动作来提醒对方，然后用最简短的话表达自己的意思，比如"非常对不起，打断你一下"之类的话。

4. 学会倾听。

善于倾听是尊重他人的一种表现，也是真心实意关心别人说话内容的表现。

不能给他人起外号

好朋友约谢地出去玩，谢地着急下楼，连衣服都穿反了。

妈妈觉得孩子间相互取外号不妥，她希望爸爸能和谢地谈一谈。

谢地和好朋友玩了好几个小时，太开心了。

小鸡最近迷上了给大家起外号，她觉得特别好玩。

见到小猪，她就喊：“阔嘴猪！”小猪听了满脸通红，又不好说什么。

见到长颈鹿，她就喊：“长脖子！”“这孩子，真没礼貌！”长颈鹿很生气。

见到鹤先生，看到人家一条腿站立，她就喊：“一条腿！”这可把鹤先生气坏了。

小鸡很得意，她想给谁起外号就给谁起外号，根本不顾及对方的感受。

这时小花猫从她身边走过，小花猫知道小鸡爱给别人起外号，于是她先发制人，小鸡还没开口，小花猫就说：“喂，你这个尖嘴巴！以后就叫你尖嘴巴！”

周围的小伙伴一听，都大笑起来。只有小鸡很气愤，大哭起来。小鸡总算感受到被别人起外号的滋味了。

很多孩子喜欢随意给同学、朋友甚至老师起外号，还不以为意。其实“外号”的危害真不小，这不仅仅是不尊重他人，还会严重损害他人的自尊心。

1. 会让对方产生心理阴影。

对于一些比较敏感、内向的同学，外号会使他产生心理阴影，严重的话，这个阴影甚至会伴随他的一生。

2. 会使对方陷入自卑的情绪之中。

如果给同学所起的外号过于“难听”、嘲笑色彩严重，那么，被起外号的人很容易陷入自卑的情绪之中，出现不合群、孤僻等现象。

3. 让对方觉得不被尊重。

绝大多数情况下，给同学起外号可能只是为了当下的娱乐、玩笑而已。但是，对于那些被起外号的人而言，他们感受到的是不被尊重，而不是开心和愉悦。

4. 不要当众叫对方的外号。

即使是不那么难听的外号，在公共场合下，叫他人的外号也是不尊重他人的表现。

开玩笑要有尺度

谢地喜欢开玩笑，但总是没有分寸。午休时，谢地趁同桌趴在桌上睡觉，给人家扎了个难看的小辫子。

谢地甚至还大喊过“地震了！”吓得同学们纷纷惊慌地向外跑去。

谢地除了和同学们开玩笑，还会和老师开玩笑。

谢地遭到了老师严厉的批评，但他根本不当回事儿。

没人愿意和谢地玩了，谢地很难过。

机场的工作人员正在帮大家办理登机手续，突然，一个年轻人指着正走向机舱的三名旅客说：“小心！他们几个是恐怖分子！”

工作人员大吃一惊，立刻报警，机场采取了紧急措施，飞机也暂停起飞。

空警和工作人员把那三名男子带下飞机核实，而等警察来到年轻人面前的时候，年轻人立马慌了。

“不好意思，我看工作人员绷着脸工作，就想开个玩笑，缓解一下气氛。那三名男子都是我的朋友。”年轻人说。而这个时候，飞机已经晚点一个小时了。

最后，这个年轻人因为害人又害己的玩笑被警方进行了治安处罚。

开玩笑其实很正常，但是开玩笑要适度，不能违背礼仪。本来你只是想轻松一下，但过度的玩笑会适得其反，引发不良后果。

1.开玩笑要因人而异。

对于性格开朗的人，开玩笑往往可以活跃气氛；对于谨慎小心的人或老年人，开玩笑时应注意给予对方尊重。总之，开玩笑要看对象及其承受能力，以不伤害对方的自尊心和让对方感到轻松为准。

2.玩笑的内容要健康。

不要拿他人的生理缺陷等开玩笑，不要开庸俗、低级的玩笑。玩笑的内容应该是积极、健康、有趣的。

3.要注意开玩笑的场合。

在他人专心学习时，是不适合开玩笑的；在一些悲伤的环境中，更不宜开玩笑。

4.不在他人烦恼时开玩笑。

当朋友遇到烦恼或不幸的时候，需要的是安慰和帮助，而不是开玩笑，朋友会误以为你在幸灾乐祸。

不随便评价他人

放学回家的谢地很不高兴，因为老师给他安排了一个新同桌，是他一直都很不喜欢的同学。

第二天放学回家的谢地看起来很高兴，还哼着歌儿呢！

谢地之所以心情愉悦，是因为他开始用一种全新的眼光看待自己的同桌了。

这是一个国外的故事。

火车上，一个大男孩看着窗外喊道：“爸爸，你看啊，那些树都在向后跑呢！”

爸爸微笑着，没有说话。

坐在旁边的一对年轻夫妇同情地看着这个大男孩的幼稚行为。

男孩突然又兴奋地叫起来：“爸爸，你看啊，那些云都跟着我们跑呢！”

这对年轻夫妇终于忍不住了，对男孩的爸爸说：“你为什么不带你的儿子去看看医生呢？”

男孩的爸爸微笑着说：“我带他去了，我们刚从医院回来，我的儿子从生下来就是盲人，今天，医生终于治好了他的眼睛。”

这世上的每一个人都有自己的故事，不要轻易去评判他人，他的故事可能远不止你看到的样子。

不管是嘴上还是心里，都不要随意评价一个人。你云淡风轻地说出的几句话，对他人来说可能就是一场“海啸”。所以，在未了解事情真相的时候，请不要随意评价别人，这是做人的基本修养。

1. 不随意评价。

不随意评价他人，实在需要评价他人时，一定要尽量做到客观、准确。

2. 换位思考。

评价他人前，要进行换位思考，要记住：己所不欲，勿施于人。

3. 多表扬、少批评。

多表扬、少批评他人，即使批评他人也要尽量先说优点，肯定对方，再谈美中不足。

4. 多接触、多了解。

眼见不一定为实，他人的评判只能作为参考，真正评价一个人还是需要亲自多接触才可以。

巧妙地拒绝他人

班里有位男生叫乐乐，不但学习成绩好，还特别会说话，同学们都喜欢和他玩。

谢地很羡慕乐乐人缘好，便开始留意乐乐的一举一动，他渐渐发现乐乐特别懂得说话的艺术。

谢地故意去找乐乐，他想知道乐乐会怎样拒绝自己。

东汉时期有个叫杨震的清官。

杨震调任去东莱做太守，上任途中，他路过昌邑。昌邑县令王密曾是他举荐的官员，一听杨震来到昌邑，晚上便悄悄地前去拜访，还带了十斤黄金作为见面礼。

王密送这样的重礼，一是对杨震过去的举荐表示感谢，二是想请杨震以后对自己再多加关照。

杨震当场拒绝了这份重礼，他说："故人知君，君不知故人，何也？"王密以为杨震假装客气，便说："暮夜无知者。"意思是说晚上又有谁能知道呢？

杨震真的生气了，说："天知、地知、你知、我知，怎说无知？"

王密听后十分羞愧，带着礼物狼狈而归。

在人际关系中，出于各种原因，我们有时必须要学会拒绝。太宰治在《人间失格》里说："我的不幸，恰恰在于我缺乏拒绝的能力。我害怕一旦拒绝他人，便会在彼此的心里留下永远无法愈合的裂痕。"

1. 坦诚地说明原因。

如果你确实有原因，无法接受他人的好意，不妨直接告诉对方真实原因。对方听了你的理由后，会站在你的角度理解你的。

2. 委婉地拒绝。

如果担心会伤害到别人，可以委婉地暗示对方。当然必须注意礼貌用语，可以说这几天状态不太好，或者说有别的安排了，礼貌而委婉地拒绝对方。

3. 直接而坚定地说"不"。

坦率地表达自己的拒绝是一种真诚的态度，不需要掩饰自己的感受。用坚定而礼貌的语气，让对方知道你的决定是坚定的，并不是出于对他们的不尊重。

4. 真诚地感谢。

在拒绝的同时，表达感谢和欣赏是非常重要的。这样的表达方式会使对方感受到你的善意，而不会觉得被冷落。

拨打、接听电话时要有礼貌

谢地给皮皮打电话，想要约他一起下棋。

谢地抓紧电话，他感到非常紧张。

对方“啪”地一下挂掉了电话，谢地欢喜的心情一下子变得糟透了。

小李是一名年轻的业务员，他有着不错的业务能力，但在电话沟通时却不太注重礼仪。

一次，他接到一位重要客户的电话。在通话过程中，他不仅没有使用礼貌用语，还时常打断客户的话。当客户提问时，他的回答也显得敷衍和不耐烦。

客户对小李的态度感到非常不满，原本有意合作的项目也因此取消了。事后，公司领导得知了这件事，对小李进行了严厉的批评，并警告他如果再不改正这些问题，将影响他的职业发展。

从此以后，小李意识到了电话礼仪的重要性。他开始注重在电话中的言辞和态度，学会倾听客户的需求和意见。通过注意自己的电话礼仪，他逐渐赢得了客户的信任和好评，业绩也有了显著的提升。

不注重电话礼仪可能会导致失去商业机会、影响职业发展等不良后果。良好的电话礼仪可以展现个人的专业素养以及对他人的尊重，有助于建立良好的人际关系和业务合作。

在生活中，大家会通过电话中的语气和声音粗略地判断出对方的人品、性格等，所以掌握正确、礼貌地打电话方法很重要。虽然打电话看起来很容易，只是对着话筒同对方交谈，其实打电话大有讲究。

1. 重要的第一声。

当我们打电话给他人时，一旦听到对方亲切的招呼声，心里一定会很愉快。所以自己的声音也要清晰、悦耳，给对方留下好印象。并且要简明扼要地介绍自己。

2. 要选择好通话时间。

不管跟谁打电话，或为了什么事情打电话，我们都要考虑一下，在什么时候打电话最恰当。

3. 通话内容务必简洁明了。

在一定程度上讲，每次正式通话的效果都与通话的内容存在着必然的因果关系。

4. 要维护好自己的“电话形象”。

通电话时，对方声音的高低、语气的缓急、态度的好坏，会直接影响到两个人在通话时的情绪。

聚会有礼仪

出门前的仪容仪表

妈妈要带谢地去朋友家做客，她希望去之前谢地能去理一理头发。

谢地最讨厌的事就是理发，每次劝他去理发，妈妈总要费很大的力气。

为了吃到冰激凌，谢地磨磨蹭蹭地跟着妈妈去了理发店。

妈妈对谢地的表现很开心，因为朋友夸谢地干净、整洁、有礼貌。

屈原出身于贵族家庭，从小就很关注自己的容貌举止、言语礼仪。

据说小时候的屈原每天清晨第一件事，就是让姐姐帮他梳理头发。时间一长，屈原不想再劳烦姐姐，他想如果有一口井做镜子，他就可以自己梳理头发了。于是他决定去三星岩挖井。他挥舞着一把小锄头，几日下来挖的深度不足一尺。山神爷爷看不下去，便化成白发老者帮忙。不一会儿，屈原的“照面井”就挖好了，当地的百姓知道后，大家都来围观这口神奇的井，啧啧称奇。

长大后的屈原更加注重仪态，总是站得笔直，坐得端正，与人相处时，态度也很谦和，没有一丝傲慢，所有见过他的人都称赞他的气质与众不同，是个万里挑一的优秀少年。

走亲访友是生活中很常见的一种交际形式，在走亲访友之前，必须做好准备，比如检查仪容、仪表，着装打扮是否合适等，以示对主人的礼貌和尊重。

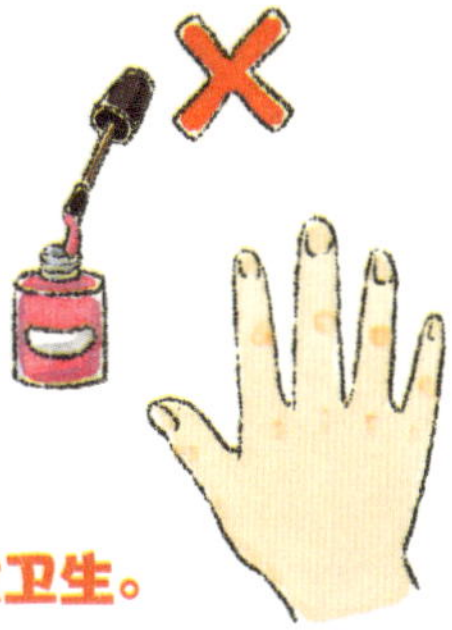

1. 头发长短要适合。

发型要得体大方：女生前发不遮眼；男生前发不覆额，侧发不掩耳。

2. 注意卫生。

不留长指甲，指甲缝内没有污垢。还要保持环境整洁，不乱扔垃圾。

3. 不戴浮夸的饰物。

走亲访友时，尽量不佩戴浮夸的耳环、手链、手镯、戒指等。

4. 举止得当。

坐有坐相，站有站样，走有走姿，落落大方。保持良好的言谈举止，避免说粗话或做出不当的举动。

不同场合，不同穿着

今天谢地一家要去参加叔叔的婚礼。

衣着得体的妈妈和爸爸看着不停抱怨的谢地和波比，一脸无奈。

爸爸很想说服谢地和波比，不过这两人根本听不进去。

婚礼现场，谢地看了看周围的人的穿着打扮，似乎都很正式，不禁感到庆幸。

唐朝时期，服色以柘黄为最高贵，红紫为上，蓝绿较次，黑褐最低，白无地位。而官服也有自己的制度，除用不同颜色区分等级外，官服还用各种鸟衔、各种花的图案来代表不同的官阶。

到了元朝，官服用龙蟒缎衣，等级的区别在于龙爪的多少，有五个龙爪、四个龙爪、三个龙爪等，且有法律规定，不可乱用。

明朝时期，皇帝身穿龙袍。黄色是帝王的象征，臣民禁止穿黄色的衣服，包括柳黄、明黄、姜黄等，只有个别人获得皇帝的特别恩赐，才可以穿黄马褂之类。谁有非恩赐的黄色衣服，就会被视为“要造反”或“想篡位”。

为什么皇帝们要独享黄色呢？因为太阳是黄色的，而皇帝就是人间的太阳；黄色是金子的颜色，金子的贵重使黄色具有尊贵的寓意，所以历代皇帝大都喜欢黄色。

1. 衣服要干净、整齐。

作为学生，平日穿衣一定要干净、整齐，不能邋里邋遢。

着装是礼仪，更是一门学问。在不同的场合需要穿不同的服装，不能在重要的场合穿便服，而要着礼服，这样才能显示对对方的尊重。在日常生活中，可以穿便服，但也要注意干净、整齐。

2. 上学不能穿背心。

上学时不能只穿背心，更不能赤膊。

3. 上学不能穿拖鞋。

上学时不仅不能穿拖鞋，更不能赤足穿鞋哦！

4. 衣服扣子要系好。

衣服扣子要逐个系好，不能敞胸露怀。另外，如果要参加追悼会等，一定要衣冠整齐，不能穿颜色鲜艳的衣服。

要做一个遵守时间的人

谢地的同学晓晓是个一丝不苟的孩子，谢地很佩服她。

晓晓当然也有过超时的时候，不过她还是尽量按自己规定的时间做事。

谢地也想变成一个懂得安排自己时间的人，可这对他来说还挺难的……

大家对谢地能够按时到校很高兴，当然，谢地更高兴。

众所周知，中国的大文豪鲁迅小的时候，有一年，他的父亲生了病，躺在床上。鲁迅一边上学，一边还要帮着做家务，天天奔走于当铺和药铺之间。

因为太过劳累，一天早晨，鲁迅上学迟到了。素以品行方正、教书认真著称的寿镜吾老先生严厉地说了这样一句话：“以后要早到！”鲁迅听了没有解释什么，默默地回到座位上。他在书桌上轻轻地刻了一个小小的字——早。

从那以后，鲁迅上学就再也没有迟到过，而且时时早，事事早，奋斗了一生。

不管哪个国家的人都讲究守时，因为守时是一个人最基本的素养，有句话说：“准时是帝王的礼貌。”可见守时是多么可贵的美德。尤其是和别人约好的时间，更要严格遵守。

1. 管理好时间。

自主管理时间，还要学会合理地利用时间。清楚地了解活动或约定的具体时间，包括开始时间和结束时间。

2. 遵守承诺。

遵守承诺，按时到达约好的地方，不找借口，不找理由。将守时视为一种承诺，严格按照约定时间行动。

3. 要有遵守规则的意识。

有规则意识，就应该学会遵守规则，并慢慢培养自我控制的能力。在约定时间之前做好充分准备，确保能够按时到达。

4. 迟到的措施。

如果因特殊情况无法按时到达，应提前通知相关人员，并说明原因和预计到达时间。意识到他人的时间同样宝贵，不浪费别人的时间。

要注意做客礼仪

妈妈朋友的孩子要在谢地家住两天，这让谢地很不习惯。

小男孩在卫生间不停地扯卫生纸玩。

谢地很不喜欢这个弟弟，认为他实在太随便、太没有礼貌了。

谢地太头疼了，虽然自己也淘气，但眼前这个弟弟比自己淘气十倍。

小弟弟的妈妈总算接他回家了。

小鹿到城市找工作，暂时住在朋友小马家。小马给小鹿准备了一个房间，小鹿每天都会比小马早起 30 分钟，收拾屋子，做好早点。

即使找到工作后，小鹿还是会做早餐、打扫卫生、倒垃圾。她下班回来得早，还会主动做晚饭。

小马是位艺术家，有很多藏品，小鹿想要看小马的藏品时，一定会征得小马的同意；看完小马的书，她一定会放归原位；看到小马家缺少生活用品，她会立马买回来。

就这样，在小马家住了两个月后，小鹿找到了房子，和小马告别。

小马很不舍地说：“我已经习惯你在我家住了，你这一走，我会特别想你的！”

到别人家做客，主人说：“就当自己家一样，别客气！”这是客套话，你依然要守规矩。为主人着想，有礼有节、适度得体才是正确的做客之道。

1. 打扮要整洁得体。

到别人家做客前，要洗澡，衣着也要整洁得体，还要注意口腔卫生等。

2. 不要贸然就座。

提前告知主人你的到访时间，以便主人做好准备。进屋之后将所带礼品交给主人，进门不要贸然就座，待主人说“请坐”后再坐下。如果主人是位长者，必须待长者坐下后再坐下。

3. 适度的交流和互动。

做客期间，要落落大方，言谈举止要得体，保持微笑。如果和主人很熟悉，也不要大大咧咧的；如果和主人并不熟悉，也不必太过拘谨，否则气氛会变得很尴尬。与主人及其家人进行适度的交流和互动。

4. 尊重维护主人家的卫生习惯。

进门前要清理自己的鞋子，或换主人准备的拖鞋，不乱放果皮等垃圾，未经允许不要随便使用主人家的毛巾。

离开时要有礼貌地告别

谢地在楼下碰到了好朋友毛毛，毛毛邀请他去自己家玩。

谢地在脑子里回想自己家：茶几上放着乱七八糟的东西，客厅地板上满是玩具、漫画书……

毛毛家实在太干净了，搞得谢地有些不自在。

毛毛和谢地坐在沙发上看电影。

谢地摔在地板上，那只破了的袜子露在了大家面前……

谢地太喜欢毛毛了，毛毛化解了尴尬。

杜甫定居四川后，在郊外盖了一间草堂。这天，岑参来草堂拜访。杜甫想要好好招待他，但在家里只找到两个鸡蛋和一根葱。“这可怎么做？”杜甫的妻子犯愁了。

“没关系，家中有什么就吃什么，咱们拿出所有的食物，以诚相待就是了。”杜甫说。不久，妻子做好菜，端了上来。

第一道菜是两个蛋黄中间放着一片葱叶，杜甫举起筷子吟道：“两个黄鹂鸣翠柳……”第二道菜是两个蛋清做成的，杜甫又吟道：“一行白鹭上青天。”第三道菜是一大截葱白做的，杜甫继续：“窗含西岭千秋雪……”第四道菜，也就是最后一道菜：一大碗冒着热气的清水汤，汤水上面漂着像船儿一样的两个鸡蛋壳。岑参见状，几乎与杜甫同时吟出第四句诗：“门泊东吴万里船。”

虽然只有两个鸡蛋、一根葱，但这样用心的一菜一句诗，把两位诗人的心拉得更近了。

从朋友家做客离开时，向他人道谢是再正常不过的事，但有时候，可能会因为和朋友太过熟悉，反而忘记感谢，这样做是不礼貌的。

1. 适时告辞。

如果先前约好了见面的时间，到点要适时告辞，不要耽误主人太多时间。

2. 有其他人来访，要尽快离开。

当有他人来访时，就应起身尽快告辞，但是也不要显得太过匆忙和慌张。

3. 关注主人表现。

当看到主人疲惫或者反应冷淡时，需要尽快告辞。

4. 向主人致谢。

离开时要感谢主人的款待。如果主人还站在门口，要在走出几步后或在转弯处回过身来告别，并说：“再见！”

学会介绍自己的家人

谢地向客人叶小言介绍自己的家人。

谢地的介绍有点儿搞笑，逗得大家哈哈大笑。

谢地很高兴能以自己的方式介绍家人，当然也没有忘记波比。

谢地以自己特有的幽默方式化解了叶小言的尴尬。

小兔子家里来客人了，害羞的小兔子躲在妈妈的身后探头看。

“你能介绍你自己和你的家人吗？”客人大鹿问。小兔子很害羞，“如果你愿意，可以摸摸我的角。”大鹿低下身子，把角轻轻地伸向小兔子。

妈妈笑着鼓励小兔子，小兔子这才慢慢地伸出手轻轻地摸向大鹿的角。“像石头一样……”小兔子的声音小小的。“鹿角很坚硬。”大鹿轻声说，“对朋友来说，它不会有任何危险。”

不一会儿，小兔子的胆子大了起来。“我是小兔子，最爱吃胡萝卜。”小兔子开始介绍自己，“这是我妈妈，它也爱吃胡萝卜，”小兔子想了想，“当然，我爸爸也爱吃胡萝卜。”

大鹿高兴地说：“我知道，你们全家都爱吃胡萝卜。”然后走到一个角落，那里有一个大筐。

“看，这是我带的礼物。”大鹿笑着对小兔子说，“谢谢你向我介绍你的一家。”

“谢谢您的胡萝卜礼物！”小兔子高兴地抱着大鹿的角，并把脸贴了过去。

自我介绍是人与人交往中相互了解的基本方式，可以让不认识的人相互认识，落落大方地做自我介绍，能显示出一个人的交际风度。

1. 自我介绍。

先向对方点头致意，得到回应后向对方大方、坦然地介绍自己。

2. 介绍的内容。

态度要热情友好，展示友好、和善的形象。简要介绍家人的优点、特长或成就。

3. 介绍顺序。

把晚辈介绍给长辈，把客人介绍给主人，介绍的顺序是“尊者居后”，以表达尊敬之意。鼓励家人与对方进行适当的互动和交流。

4. 介绍时的手势。

介绍时，正确的手势是掌心向上，胳膊略向外伸，指向被介绍者，但不能用手拍被介绍人的肩、胳膊和背等部位，更不能用食指或拇指指向被介绍的任何一方。

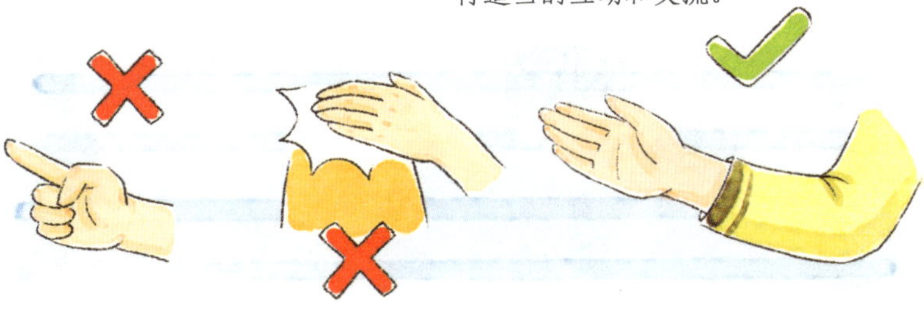

沏茶、敬茶学问多

爸爸、妈妈请朋友们在饭店吃饭，谢地带着波比去了。

大人们笑着看谢地，谢地很尴尬。

谢地在波比胸前的显示屏上学习敬茶礼仪时，爸爸已经给大家敬过茶了。

大人们一边聊天，一边喝茶，谢地看到有人茶水喝了一半，就捧着茶壶上前添水。

一顿饭吃下来，谢地很熟练地掌握了续茶的技巧。

有一天，衣着普通的苏东坡外出，途中看到一座寺院，他便进去了。

寺院的主持和尚并不认识苏东坡，没有用敬语，只说：“坐。茶。”

苏东坡一句也没回，他只管欣赏寺内的字画。不久，主持和尚觉得此位来客虽然衣着普通，但举止不凡，想着可能是位大有来头的人，便连忙改口道：“请坐！”又忙吩咐侍者：“敬茶！”

当主持和尚得知客人竟是大名鼎鼎的苏东坡时，满脸堆笑，连连恭请苏东坡：“请上坐！敬香茶！”

最后主持和尚请苏东坡帮自己写对联，苏东坡随即挥笔而就：“坐，请坐，请上坐；茶，敬茶，敬香茶。”此联将主持和尚的势利刻画得淋漓尽致。

来客敬茶，是中国重情好客的传统美德与礼节，以礼敬茶是最重要的环节，也是茶文化的核心所在。当然，在招待客人之前，应先了解客人的喜好，然后再选茶、沏茶。

1. 敬茶人选。

家庭待客时，可由家里晚辈来上茶；重要的客人，应由女主人或男主人奉茶。

2. 敬茶顺序。

先为客人上茶，后为家人上茶；先为长辈上茶，后为晚辈上茶；先为主宾上茶，后为次宾上茶。如果不了解，不对茶叶或茶具妄加评论。

3. 敬茶的方法。

双手端着茶盘进入客厅，先将茶盘放在临近客人的茶几上或备用桌上，右手拿着茶杯的杯托，左手附在杯托上，依次为客人奉茶。

4. 适时续茶。

及时给客人添加茶水。一般情况下，客人喝过几口茶后，即应给客人续上，不可以让杯中茶水见底。这种做法的寓意是：“茶水不尽，慢慢饮，慢慢叙。”

参加宴会时不能抢先入座

淘气包谢地要去参加朋友的生日宴会，这让爸爸、妈妈有些担心。

虽然当时信誓旦旦，然而生日宴会开始后，谢地就彻底放飞了自我。

波比的屏幕中回放：谢地坐在了小寿星的主位上，收到了三个伙伴嫌弃的眼神。

进餐前，波比又一次叮嘱谢地要注意用餐礼仪。

生日宴会开始了！谢地终于拿起了自己的筷子……

假期到了，调皮的毛毛跟着爸爸去聚餐。

美味佳肴刚被端上桌，毛毛没等大家入座，就撒欢儿般地爬上椅子。

“这是我想吃的！这是我想喝的！”他大声喊着。

唉……他碰倒了饮料瓶，还撞翻了沙拉酱！

“毛毛！你可真能闯祸！”爸爸气得涨红了脸。

毛毛紧张地爬下椅子时又拽掉了桌布——哗啦啦。

爸爸捉住毛毛，连连向大家道歉：“对不起，真是对不起！”

父母和孩子一起用餐时，可以随时教孩子一些应有的用餐礼仪，不要求学得快，只要有计划和分阶段地教会孩子一个或两个礼仪就可以，同时介绍相关的饮食礼仪常识。餐桌上聊饮食，不仅能增加食欲，还能扩大孩子的知识面，使孩子更容易接受相关的知识。

1. 就餐的座次。

一般而言，就餐的座位是“尚左尊东”“面朝大门为尊”。如果餐桌为圆桌，主座是正对门口上菜的方向。

2. 请长辈先入座，让长辈先吃。

敬老是中华民族的传统美德，家长平时要做好示范，吃饭时要先请家中的长辈入座，并且先给长辈盛饭、夹菜。在长辈把碗递过来时，应双手接住并表示感谢，以表达对长辈的尊敬。

3. 规范坐姿。

坐正、坐直，不晃腿。挺拔的姿势不但好看，而且有利于消化。

4. 用餐后，须等长辈先离席。

如果有事要先离席时，要跟长辈打招呼。饭后帮助清理餐桌、收拾碗筷或洗碗。

怠慢客人是不礼貌的

谢地的表妹要在谢地家待几天，这让谢地很头疼。

谢地去扶表妹起来，表妹边哭边蹬腿。

作为哥哥，谢地觉得自己有责任哄好表妹。

谢地求助波比，波比打开胸前的显示屏，谢地查阅如何哄小孩。

谢地放弃了，他认为表妹只有回到自己家才能停止哭闹，波比却不这么认为。

传说乾隆皇帝在南方微服私访期间，来到一座寺庙，决定在此休息一晚。老方丈虽不知来者何人，但也没有怠慢，立即安排僧人打扫整理，生火取水烧茶，准备斋饭。谁知送茶水的僧人不小心听到了乾隆和大臣的对话，“皇上，今夜让您龙体屈尊了。”大臣说。僧人听到此话，吓得急忙告诉了老方丈。

老方丈顿时大惊失色，思考良久后，来到乾隆休息的厢房门外，跪地叩头谢罪。乾隆走出门说：“方丈，快请起！朕不会怪罪于你，朕以普通商人身份前来借宿。你们的热情，朕很满意。现在你们不要声张，快回去休息吧！”

于是老方丈起身谢过乾隆，立即命人加强安全防护，确保皇帝的人身安全。

在与人交往的过程中，不管对方什么身份、年龄大小，都要做到不怠慢，保持应有的尊重。平时不但要学习和了解交际礼仪，还要以此标准规范自己的一言一行、一举一动。

1. 学会打招呼。

无论对家人或其他人，都要打招呼。打招呼是联络感情、沟通心灵的方式，所以绝对不能轻视。

2. 要一视同仁。

对自己周围的人，包括亲人、邻里、同学、朋友等，不论其身份、年龄，只要见面，就要热情礼貌，展露亲切友好的笑容。

3. 要尊重他人。

友好相待，敬人之心常存，处处不可失敬于人，不可伤害他人的尊严。

4. 要真心实意。

待人要诚心诚意、诚实无欺、言行一致、表里如一。只有这样，才能更好地被对方所理解和接受。

送别客人要礼貌且周到

用餐完毕，客人在和谢地一家聊天。

波比被客人们围观，谢地有点儿同情它。

客人们准备告辞了，爸爸、妈妈在挽留。

谢地一家把客人们送到楼下，他们在彼此辞别。

阳春三月，从黄鹤楼里传来了碰杯的声音。

“孟兄，这次离别，不知何时再见，干杯。”李白说。

“放心，只要有缘，就一定能再相会！”孟浩然回应道。

李白又说：“孟兄，这几年来，我们常在一起，如今你要回家，一路多保重！”“我一定会的……”

离别的时间终要来临。李白送孟浩然上船，两人互望，依依不舍。船要开了，孟浩然站在船头，一直朝李白挥手：“再见！多保重！”“孟兄，一帆风顺，保重！”李白不断地挥手。望着远去的船只，李白吟诗一首：“故人西辞黄鹤楼，烟花三月下扬州。孤帆远影碧空尽，唯见长江天际流。”

送客礼仪是接待客人的最后一个环节，如果处理不好，整个请客过程会大打折扣，甚至可能会前功尽弃，所以送客时一定要礼节周到，满怀真诚。

1. 婉言相留。

当客人表示要离开时，对客人的来访表示感谢，并应婉言相留，不过，也要尊重对方的意愿，不能强行挽留，以免耽误客人的其他安排。

2. 起身相送。

客人提出告辞后，先等对方起身，自己再起身相送，不可当客人一提出要走的时候，就站起来摆出送行的姿态，这样会显得很不礼貌。

3. 客人走远后再关门。

送客通常要送到大门外或楼道口，目送客人，当客人走远后再关门，不要客人刚出门，就“砰”的一声关上门，这会使客人误认为自己是不受欢迎的。

4. 表示欢迎再来。

热情地表示希望客人再来家里做客。

5. 送别远道而来的客人。

送别远道而来的客人，如对方需要，应送到车站或机场。

生日聚会规矩多

谢地要去参加好朋友的生日聚会。

房间布置得很漂亮，还有好多漂亮的气球。

小寿星吹完生日蜡烛，大家吃起了蛋糕。

参加完生日会的孩子们相互道别。

吃生日蛋糕是年轻人中最为流行的一种生日庆祝的形式。生日晚会多在傍晚时举行，时间可长可短，地点多安排在过生日者的家中或者餐厅。

主要程序：待来宾到齐后，将插好生日蜡烛的生日蛋糕取出或推出来，放置在餐桌中间；点燃生日蜡烛后，熄灭室内的电灯；在烛光的映照下，播放《祝你生日快乐》等浪漫温柔的乐曲，在轻柔的乐曲声中，来宾向过生日的人致以简短的祝词，小寿星随即向各位来宾致答谢词；全体来宾齐声唱《祝你生日快乐》这首生日歌曲，小寿星面对生日蛋糕闭上眼睛，默默许愿，然后在歌声和掌声中一口气吹灭全部点燃的生日蜡烛；众人再次鼓掌；接着小寿星亲自动手将生日蛋糕分成若干份，装在餐盘里送给在场的每位来宾。

过生日是一件快乐的事情，过生日的讲究有很多，也有很多禁忌，不多加注意的话，很容易给生日宴带来不好的影响。

1. 不说不吉利的话。

在过生日的时候要避免说不吉利的话。生日聚会是一种传递温情和表达心意的活动。个人祝贺可以通过赠送小礼物或说几句祝福的话来表达；集体祝贺则通常是几个人一起送一份礼物。

2. 不可以流眼泪。

过生日是一件很开心的事情，要尽量将一些不开心或者悲伤的事情丢到脑后，至少在过生日的时候不要提起这些事情，尽量保持微笑。

3. 不做不文雅行为。

在生日宴会上，不可当众解扣宽衣、松裤带，这是不文雅的行为，必要时可去盥洗室。

4. 不宜高谈阔论。

在生日宴会上，口中有食物的时候，不宜高谈阔论。

参加婚礼要送上祝福

谢地一家要去参加表姐的婚礼。

参加婚礼的人可真多呀，谢地在心里感叹。

看着新郎挽着新娘的手走上了红地毯，谢地的鼻子一酸。

在笑声和祝福声中，婚礼圆满地结束了。

婚礼在很多方面都具有重要的意义。

1. 爱情见证：是新人彼此爱情的重要见证。

2. 承诺表达：新人对彼此承诺的一种公开表达。

3. 家庭结合：标志着两个家庭的结合。

4. 重要的社交场合：是亲朋好友相聚在一起，共同庆祝的活动。

5. 一份美好的回忆：为新人留下美好而难忘的回忆。

6. 有意义的传承：体现了传承文化的传统和家族的价值。

7. 标志着人生的新阶段：意味着人生进入了一个全新的阶段。

8. 增强责任感：促使新人增强对家庭的责任感。

一场成功的婚礼可以给新人和亲友带来许多积极的影响。它不仅是一个仪式，更是一种情感的纽带和人生的重要时刻。

---

1. 不能迟到。

婚礼开始的时间是吉时，准时出席是对新人的尊重，尽量提前半个小时到场。

2. 不要挑剔婚礼细节。

婚礼对于双方家庭来说都是非常重要的，新人力求做到尽善尽美。地域不同，习俗不同，当你发现婚礼中有瑕疵，或者某些流程不符合你的心理标准时，请你不要把这些问题说出来。

3. 不能扇扇子。

在一些地方扇与“散”同音，所以，婚礼当天不管多热，都不能扇扇子。

4. 听从主持人的安排。

在婚礼开始的时候，主持人会按照流程来控场，这时不要随意说话、吃东西，更不要打闹。

5. 离席时不可与新人挥手说再见。

婚礼结束准备离开时，新人与亲友都不可以说再见。因为“再见”二字有分手与离别的含义，对新人来讲寓意非常不好。应该以点头示意，或送上祝福语。

旅行有礼仪

等候时也需要注重礼仪

谢地一家随着旅游团在机场的等候区等候。

谢地郁闷地喝起了水，他最不喜欢的事就是等待。

谢地身旁的一位叔叔在看手机视频，外放的声音大得超过了其他人的聊天声。

谢地安静地坐在椅子上，想象着自己成年后的情形。

动物们组团去旅行。

等候的时候，小黄莺们唱起了欢快的歌。黄莺妈妈听见了，赶紧摇头说：“不能唱，不能唱！”

“为什么呀？您不是让我们每天都要练嗓子吗？”小黄莺们问。

黄莺妈妈指指不远处的提醒牌——公共场合请勿大声喧哗。

“那大象伯伯为什么说话可以那么大声？”小黄莺们不高兴地问。

“他是导游啊，他声音太小的话，我们就会听不到重点了。”黄莺妈妈解释道，“而且大象的体型那么大，即使他用最小的声音，可能也比很多动物的声音大。”

“哦，原来是这样呀！”小黄莺们合上了嘴，他们等着到了野外，再尽展自己的歌喉。

不在等候区大声喧哗是个人文明素质的体现，也是城市文明的象征。可是在公众场所，毫无顾忌地大声喧哗的现象屡见不鲜，这种不文明的行为不仅给个人形象带来损害，也会给他人造成困扰。

1. 不要乱跑。

在等候区时，尽量和家人在一起，不要到处跑动，以免影响其他旅客。按照指示牌和工作人员的引导排队等候。

2. 不要大声喧哗。

尽量以对方听得到的声音说话，不要大声嚷嚷，显得很不礼貌，影响他人。如果有人在休息，更要保持安静。

3. 耐心等候。

不急躁或抱怨，保持良好的心态。注意听导游或领队的提醒，不要漏掉重点信息，耐心等候进站或登机。

4. 不在等候区打闹。

可以和好朋友轻声说话，但不要放肆地打闹。保持良好的坐姿或站姿。

遵守秩序，排好队

终于可以登机了，旅客们排起了长长的队。

这时，一位戴着墨镜的女士毫不客气地插在了谢地与波比中间。

谢地生气了！怎么能随便插队呢？

墨镜女士非常生气，拎着包走出了队伍。

说到遵守秩序，不得不讲列宁的故事。

有一次，列宁觉得自己头发长了，便前去理发店理发。

谁知理发店里面挤满了同样前来理发的人。可理发店只有两位理发师，他们根本忙不过来，大家只能排队等候。

列宁便跟在大家后面排队，这时大家认出了他，便让理发师先给他理发。列宁却说："谢谢大家的好意。不过这么做是要不得的，每个人都要遵守公共秩序，按先后次序理发，我也不能例外。"说着，他就搬了一把椅子，继续坐在队伍的最后面。

排队，可以让我们的生活更加有序。排队是个人修养的表现，也是一种文明的体现，它能使我们的生活井然有序，事半功倍。

1. 自觉排队。

排队时，要有耐心，不要起哄，不要拥挤，或者破坏排队秩序，不随意变换位置，避免给其他人造成困扰。

2. 遵守顺序。

排队要遵守顺序，先来后到、依次而行。不但自己不要插队，而且不要让家长或者朋友插队。对于特殊的旅客，如老幼病残孕，应给予适当的帮助和照顾。

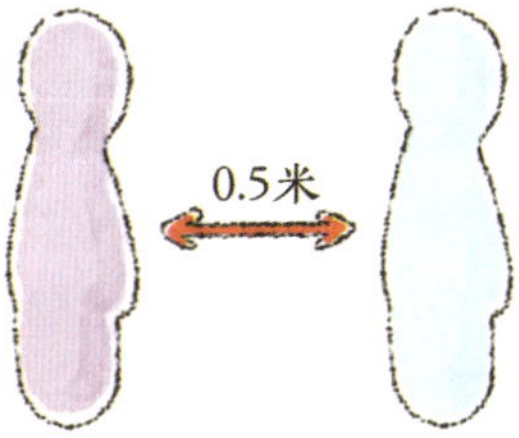

3. 保持适当间隔。

排队时，不要离人太近，最好保持0.5米左右的距离。前行时，应缓步而行，不能推搡，不要急躁，保持良好的心态。

4. 不横穿排好的队伍。

如果他人排好了队，不要从队伍中间横穿过去，在实在不得已的情况下，要先说声"对不起"或者"不好意思"。

乘坐飞机更要守规矩

谢地一家终于登机了，他们顺利地找到了自己的座位。

谢地认真地听着空乘人员讲解关于乘坐飞机的注意事项。

飞机终于起飞了，谢地紧张地抓着座椅把手。

谢地太开心了，透过窗户，他观察着一团一团如棉花般的云。

张先生就曾因为自己在飞机上的不检点行为而出过丑。某日，张先生乘飞机到北京开会。本来他的旅途并不漫长，可当时他的新皮鞋却让他吃尽了苦头。为了让自己的双脚能够彻底解放一下，张先生悄悄地把皮鞋脱掉，甚至连袜子都脱了。随后，张先生舒舒服服地睡了一觉。但他没想到的是，空乘人员把他叫醒了，提醒他必须马上把自己的鞋袜穿上，因为张先生双脚所散发的异味在狭小的机舱里着实影响了周围的人，此刻，风度翩翩的张先生感到无地自容。

乘坐飞机期间，每个人都一定要注意约束个人行为，在严格要求自己、尊重空乘人员、善待其他乘客等方面，做到合乎礼仪规范。以下几点一定要引起我们的重视：

1. 不占他人的座位。

上飞机后，应在属于自己的座位上就座。坐好之后，腿、脚不要乱伸，尤其不要伸到通道上或他人的座位上。不要将自己的行李放到他人的行李箱上。

2. 入舱保持安静。

进入机舱后不要大声喧哗，要保持安静，不要影响他人休息。

3. 不乱动设施。

不乱动飞机上的安全用品及设施。需要找空乘人员时，可以按呼唤铃，不宜大声喊叫。

4. 不影响他人进餐。

在飞机上进餐时，主动将座椅的椅背调至正常位置，以免影响后排乘客进餐。

5. 举止得当。

飞行过程中尽量不要脱掉鞋袜，以免有异味，影响他人；如果是长途飞行，脱下鞋后应在脚外面再罩上护袜。

问路的时候要有礼貌

机场大厅很大，有好几个门、好几条通道，谢地一下子就晕了。

谢地准备第二次问路了，他面带微笑，觉得这次一定能成功。

谢地丈二和尚摸不着头脑，不知道哪里出了问题。

谢地开心地回到爸爸、妈妈身边，按阿姨的指示走出了机场大厅。

有一位年轻人赶路，眼看天都要黑了，却还前不着村、后不着店，正着急时，他看到了一位老人。他马也不下，就坐在马背上大声喊道：“喂！老头儿，你知道这里离客栈还有多远吗？”老人回答：“五里。”

于是年轻人继续骑马赶路，然而他跑了五里又五里，一家客栈也没有看到。年轻人很生气，他想：这老头真可恶，竟敢骗我，我非得回去教训他一下不可。他一边想一边往回赶，途中，他猛然醒悟：“五里，五里，无礼……”想到自己问路时的不礼貌，顿感羞愧。等他赶回去，老人还在路上，他忙翻身下马，恭敬地叫了一声：“大爷。”老人这才说：“你要是不嫌弃，可上我家一住。”

这就是此人问路不但不用敬语，而且说话粗鲁，导致他“不施一礼，多跑十里”。

日常生活中，我们常常会遇到向人问路或者接受他人问路的情况，这些看似小小的举动中却藏着大大的礼仪。

1. 礼貌称呼。

向他人问路时，在问路前应先热情礼貌地称呼对方。找看起来友善、可靠且有时间回答的人问路。

2. 问路要文明。

问路时，说话要简洁明了，姿态要端正，绝对不能用不礼貌、不尊重的词语。使用礼貌用语，如“您好”“请问”“麻烦您”等。

3. 保持适当的距离。

要与被问者保持两米左右的距离，不要凑得很近，显得没有边界感。

4. 要表示感谢。

当对方回答你的问题后，你应诚恳地表示感谢，不能转身就走。若未得到回答，礼貌道谢后再找其他人问路。

如何邀请他人为我拍照

峨嵋山游人如织，谢地一家也在其中。

谢地和爸爸、妈妈站在一起，拍照留念。

谢地看完相机里的照片，不怎么满意。

波比很开心，谢地很有礼貌地请一位大哥哥帮他们拍照。

橘子和柚子是一对姐弟，有一次，他们因为拍照时的站位顺序发生了争执，后来查阅了很多资料才得出了以下的结论。

国际礼仪中关于合影位次的安排有以下原则：

以中央为尊，以前排为尊，以右为尊，以客为尊，以靠近主人为尊。

中国历史上有尊左的传统，亦有尊右的传统，并非“向来尊左”。现在，国内商务场合皆遵循国际惯例，以右为尊。官方活动除了国内政务会议是以左为尊，外事活动和宴请也都是以右为尊。大家不妨在看央视新闻的时候留意一下，中国领导人在和来访的海外友人合影时，总是会主动居左，让客人居右。

想要请人帮自己拍照，除了礼貌用语，还得给予他人足够的尊重，这样人家才愿意抽时间帮你拍照。

1. 不要选择看起来就很忙碌的人。

要选择看起来不是很赶时间的路人帮忙，因为如果你请求的人急着有事，即使帮你拍了照，也可能达不到你想要的效果。

2. 要礼貌询问。

如果选择好了对象，就要微笑着礼貌上前打招呼，用敬语和礼貌用语。

3. 拍照后记得说“谢谢”。

拍完照，一定记得说声“谢谢”，甚至可以夸赞一下对方的拍照技术。

4. 提出帮助对方。

当对方帮你拍照后，你要友好地提出也可以帮对方拍几张，这样对方听了，心里会很舒服。

要爱护景区的一砖一瓦

龙德寺塔位于浙江省金华市，建于 1016 年，谢地一家来这里参观。

小男孩揉着脑袋，谢地揉着肚子，两人对视了一下。

小男孩想要在龙德寺塔的墙上刻下自己的名字，被谢地严厉地阻止了。

谢地的一番话语，使得小男孩心甘情愿地扔掉了手里的小石子。

度假是件高兴的事儿，但在游玩的过程中，有些游客不遵守公共场所秩序，毁坏景观，这不仅有失道德，严重的还会涉嫌违法呢。

如有网友曾在网上发布了一段视频，在某景区内，有名女游客抓住孔雀的羽毛，并用力拽下，然后把这根羽毛递给了身边的孩子。虽景区未能找到这名游客，但保留了对该游客追责的权利。

无独有偶。有位男子在故宫西华门城墙前，用车钥匙用力地在城墙砖上刻画，被另外的游客制止。最后，这位男子被行政拘留并处罚款。

不管去哪里旅游，都要保护景观，对于故意损坏文物古迹的行为，警方会坚决依法查处。

大家为寻求精神上的愉快感受，去未知的地方旅行，认识新事物，使身心得到放松，这是一件很快乐的事，但在自己快乐的同时，不要做那些让别人不快乐的事。

1. 爱护旅游景区的一砖一瓦、一草一木。

山川名胜和历史古迹是不可再生的、宝贵的自然和文化遗产，应加倍珍惜。不可攀折花木，不得随意涂写刻画，不能戏弄游览点的动物，在山林中还应注意防火。

2. 维护环境整洁。

在外野餐后，一定要将垃圾收拾干净，放在垃圾箱或垃圾点，不可随处丢弃，或不管不顾。

3. 遵守公共秩序。

在遇到购票或观看某景点的人较多时，要自觉排队，不要前拥后挤，推推搡搡，制造混乱。

4. 顾及他人的感受。

对他人要以礼相待，不要认为自己是孩子，就可以理所当然地享受照顾。如果不小心冒犯了他人，应及时致歉。

5. 不要触犯民族禁忌。

在国外或少数民族聚居的地方，千万不要触犯他们国家或民族的禁忌。

了解少数民族的礼仪

谢地一家到贵州旅游，贵州有很多个少数民族，这天，他们来到了仡（gē）佬族的聚居地。

谢地不禁羡慕起波比来，作为机器人，它存储器里的知识可比自己脑子里的知识多多了。

终于可以吃饭了，谢地看着丰盛的菜肴，直流口水。

谢地非常喜欢这趟旅行，因为他了解到了很多自己以前从没有接触过的少数民族文化。

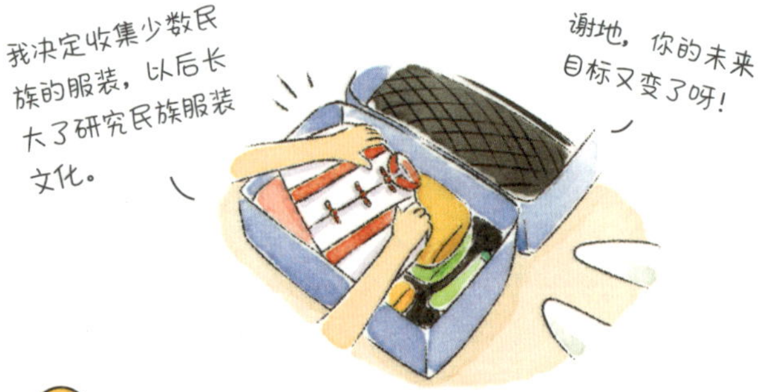

去少数民族地区旅游，一定要提前了解少数民族的风俗习惯。

如去傣族的聚居地，要参加泼水节。泼水节是傣族一年中最盛大的传统节日，标志着新一年的开始。一大早，人们就会起来沐浴礼佛，之后便开始连续几日的庆祝活动。在此期间，大家都会用纯净的清水相互泼洒，祈求洗去过去一年的不顺。

如果去了彝族的聚居地，那么就要体验一下火把节了。火把节是彝族、白族、纳西族、基诺族、拉祜（hù）族等民族的传统节日，有着深厚的民俗文化内涵，被称为“东方的狂欢节”，主要活动有斗牛、斗羊、斗鸡、赛马、摔跤、歌舞表演等。

还有藏族的雪顿节，雪顿节是居住在西藏、青海、甘肃、四川、云南等省和自治区的藏族人民的民族节日，是国家级非物质文化遗产之一。“雪顿”意为酸奶宴。在藏语中，“雪”是酸奶的意思，“顿”是“吃”“宴”的意思，雪顿节按藏语解释就是吃酸奶的节日。

总之，去少数民族地区旅游，除做攻略外，必须了解各民族及当地的风土人情才可以！

中国有五十五个少数民族，少数民族均有自己的民族礼仪和习惯。只有尊重少数民族的礼仪和习惯，才能更好地维护民族大团结。了解少数民族礼仪，对于我们每个人来说，都是非常重要的。

1. 回族的待客礼。

中国回族人民是非常讲究礼仪的。他们诚实憨厚，和蔼可亲。当家里来客人时，总是走出大门外去迎接。如客人骑自行车，则立即把车子接过来推上；如客人有行李，则要把行李接过来提上；客人进屋时，主动揭开门帘，让客人先进屋。客人入座后，马上沏茶、备饭。

2. 藏族、蒙古族的礼俗。

献哈达，是藏族、蒙古族世代相传的礼俗，至今已有几百年的历史。藏族、蒙古族在佛像前祈祷、拜年、婚丧喜庆、祭礼、谒见尊长时，以及日常亲友迎来送往中，都少不了献哈达这种礼节。这种礼节既普遍又尊贵，表示敬意和祝贺。哈达，是藏语音译，就是一种“礼巾”。

3. 维吾尔族敬老。

维吾尔族尊敬老者。不论在什么场合，都要让老年人坐在上席，走在前面。同路有老年人，年轻者须让其走在前面；遇见老年人路过，青年人则站起来迎送；老年人外出做客，青年人会主动给他的坐骑卸鞍；启程时，把老年人扶上马；就餐时，先把饭食送到老年人面前。

节日习俗
有礼仪

春节的讲究真不少

谢地一家回老家过春节了。

大年初一，人们开始拜年了。

爷爷、奶奶身着崭新的衣服，慈祥地坐在椅子上。

巷子里，一群人喜气洋洋地排着队，一边作揖一边走。

春节是中国的农历新年，俗称过年、过大年。关于年还有个传说，古时候，有一种怪兽叫作“年”，每到腊月三十，它便跑到村子里四处觅肉。

有一年，它又从山上跑到一个村子，正好撞到两个小孩在比赛甩鞭子。“啪！”“啪啪啪！”年听到这可怕的响声，被吓跑了。

年后来又跑到了另一个村子，它刚来到一家门口，就发现门上贴着红红的东西，它很害怕这红红的颜色，吓得撒腿就跑。接着它又跑到了第三个村子，来到一户人家门前，只见房门大敞，往里一瞧，里面灯火辉煌，刺得它头昏眼花，最后只好夹着尾巴溜走了。

通过这三件事，人们摸准了这个叫年的怪兽怕响、怕红、怕光的弱点，便想了一些吓走它的方法，最后逐渐演化成过年的风俗。

春节是中国的传统节日之一，也是我们中国人最隆重的民族节日，每到这一时刻，处处洋溢着喜庆的气氛。但过春节更要注重礼仪，不然失礼会破坏气氛哦！

1. 拜年的礼仪。

向长辈、亲友拜年，表达新年祝福，注意称呼和礼节。穿着整洁、得体，烘托节日氛围。

2. 祝福话语要多说。

要多对人说“新年快乐”“岁岁平安”之类的吉祥话和祝辞，避免不吉利的语言。

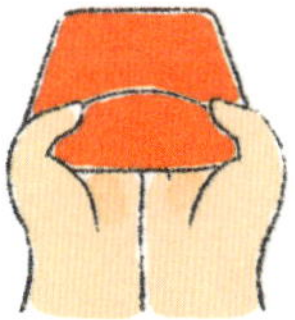

3. 接过红包要致谢。

长辈给红包的时候，一定要双手接过，并向长辈们表示感谢。

4. 红包不能当面拆开。

接过红包后，千万不能当着客人面拆开，最好的做法是先装进自己的口袋里。

5. 招呼客人。

客人来家做客，主动和客人打招呼，并做些简单的招待工作，如招呼客人坐下、给客人倒茶水等。

元宵节不光要吃汤圆

正月十五元宵节，谢地一家在吃汤圆。

谢地打开锅盖，一个个雪白的汤圆冒着热气。

锅里只剩几个汤圆了，爸爸提议猜灯谜，谁赢谁才能吃。

全家人来到步行街，欣赏元宵节时别具一格的夜景。

正月十五闹元宵，我们中国人过元宵节，已有2000多年的历史了。

很久以前，到处都是伤害人和牲畜的凶禽猛兽，有一次，人们在与凶禽猛兽搏斗时，无意间把一只降落在人间的神鸟给射死了，天帝知道后大怒，他下令让天兵于正月十五日到人间放火。眼看大祸降临，还好天帝的女儿不忍心看到人间的百姓受难，就偷偷驾着祥云来到人间，把这个消息告诉了人们。大家知道这个消息后，不知道怎么办才好，这时有位老人想了一个主意，他建议大家在正月十四、十五、十六这三天，家家户户都张灯结彩、响爆竹、放烟火。这样骗过天帝，让他误以为人间混乱无比。

正月十五这天晚上，天帝往人间一看，果然看到一片红光，响声震天，他以为大火在燃烧。就这样，人们保住了生命。从此每年正月十五，家家户户都会悬挂灯笼和放烟火。

各个节日都有一些禁忌，了解了这些禁忌，就能掌握不失礼的方法。

1. 不要劳作。

元宵节是个普天同庆的节日，这天一定要休息，同时要避免劳作工具损坏，不然人们会认为霉运降临。

2. 不吵架、不哭闹。

民俗认为正月十五这天要以喜庆为主，所以绝不能与人闹矛盾，尽量避免哭闹，不然不吉利哦！

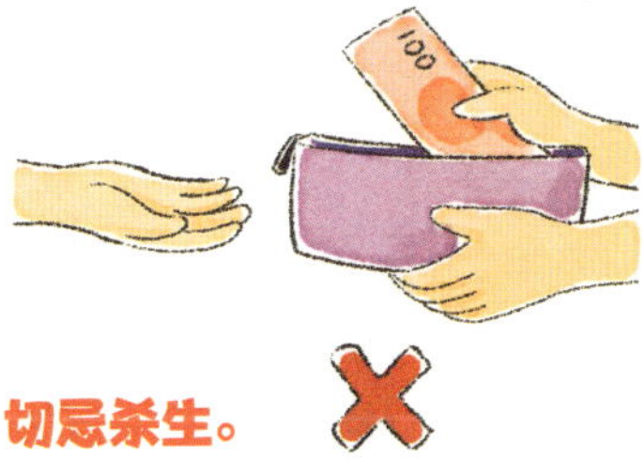

3. 不借钱给别人。

元宵节当天，最好不要借钱给别人，可能会把你的好运气借走哦！

4. 切忌杀生。

元宵节当天，不要杀生和见血，人们认为这会不吉利。

清明时节雨纷纷

清明节又伴着蒙蒙细雨到来了，谢地跟着大人们去扫墓。

爸爸扛着锄头，爷爷拿着香纸，顺着泥泞的小路向墓地走去。

爸爸把太爷爷和太奶奶坟墓四周的杂草清除干净，拜祭仪式就开始了。

清明节，让谢地对生命有了新的认识。

清明节除了祭奠外，还有其他风俗。

·荡秋千：荡秋千的历史悠久，汉代以后，秋千逐渐成为清明节的民间习俗活动。最早荡秋千叫作千秋，后来因为避忌讳才变成了秋千。

·踏青：清明时节，春回大地，扫墓之余，一家老少也会在山间乡野游乐一番，回家时会折几枝叶芽初绽的柳枝戴在头上。也有人专门郊外远足，脚踏青草，一抒郁结。

·放风筝：是清明时节人们所喜爱的活动。人们在晚上放风筝时，会在风筝下挂上一串串小灯笼，称为“神灯”，据说这样能除病消灾，带来好运。

·蹴鞠：蹴鞠是一种用皮革做成的球，球内用毛塞紧，类似足球。据史料记载，早在战国时期，中国民间就流行蹴鞠游戏，汉代变成了兵家练兵之法，到了宋代又出现了蹴鞠组织与蹴鞠艺人，清代时流行冰上蹴鞠。可以说，蹴鞠是中国流传久远的一种球类游戏。

清明节是中国四大传统节日之一，清明节的传统礼仪不仅代表了我们的传统文化，也体现了我们对逝去亲人的怀念之情。

1. 注意着装。

清明节当日，要注意着装礼仪，尽量穿深色的衣裤，不要穿得花里胡哨的。

2. 严肃祭祖。

清明祭祖是非常庄重、肃穆的事情，在祭祖时不能嬉笑玩闹，更不能在祭祖的时候拿出手机随意拍照甚至合影。

3. 祭祖时间。

祭祖时间要早，下午三点后就不能祭祖了。古人认为一天中有阴阳之分，祭祀要选一天当中阳气最旺盛的时间。

4. 不能跨越坟地。

不要跨越坟地，不要跨越贡品，不要用脚去踩坟地，这样的行为都是不被允许的。

端午节，要安康

谢地、波比跟着妈妈来到姥姥家过端午节。

姥姥家满屋弥漫着清香的粽子味儿。

香甜的粽子终于熟了。

姥姥给谢地和波比各一个香包，波比高兴得眼睛眨个不停。

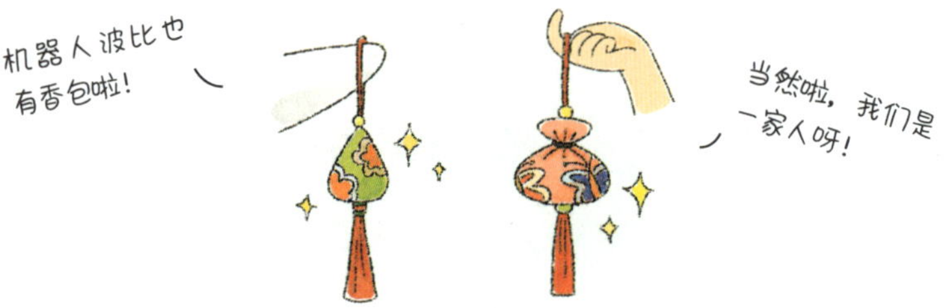

战国时代的楚国诗人屈原，在五月初五这天投汨罗江自尽殉国。

屈原为什么投江呢？原因是他对楚怀王非常忠诚，却在朝内屡遭排挤，后来楚怀王死后，顷襄王又听信谗言，流放屈原，于是屈原怀着愤懑之心，投汨罗江而死。

当地百姓听说屈原投了汨罗江，立即划船捞救，谁知一直搜救到洞庭湖，都没找到屈原的尸体。这时天下起了雨，水面上的小舟全部汇集在岸边。当更多的人知道贤臣屈原投江后，他们又冒雨出去，争相划进茫茫的洞庭湖。遗憾的是，屈原的尸体始终没有找到。

百姓怕江河里的鱼吃掉屈原的身体，就纷纷把米团投入江中，以免鱼虾糟蹋屈原的尸体。从此以后，民间便有了吃粽子的习俗。同时，为了寄托哀思，人们荡舟江河之上，这一习俗逐渐发展成为龙舟竞赛。

端午节也有不少习俗活动和讲究，也需要我们注意一些言谈举止。

“节分端午自谁言，万古传闻为屈原；堪笑楚江空渺渺，不能洗得直臣冤。”这是唐代文秀所写的《端午》诗。由此看来，端午节吃粽子、赛龙舟确与纪念屈原有关。

1. 忌喜庆活动，不说祝福。

在端午节，人们会祭拜祖先和神灵，表达对先人的敬意和祈求保佑。

2. 忌下河游泳。

相传五月为“恶月”，重五是个不吉利的日子，因此有些地方这一天是忌游泳的。

3. 防毒气攻身。

端午节这天需要在房门上插艾草，薰苍术、白芷，喝雄黄酒等。

4. 佩戴香囊。

小孩子佩戴香囊，有避邪驱瘟之意。

中秋节，要团圆

月亮一如既往地挂在夜空中，只是更大、更圆、更迷人了。

一家人坐在院子里吃着月饼，聊着天，其乐融融。

谢地望着月亮，仿佛看到了月宫里的嫦娥和玉兔，旁边还有不停地砍桂花树却永远不会砍断的吴刚。

大家围坐在电视机前，观看中秋晚会。

在远古时，天上有十个太阳，大地被烤得冒烟，海水枯干，为了救助百姓，有个叫后羿的人跑上昆仑山顶，拉开神弓，射下了九个太阳。后羿因此受到了百姓的爱戴，有不少人投师学艺，其中有一个叫逄（páng）蒙的人。

后羿和妻子嫦娥非常恩爱。一次，后羿离家去了昆仑山，遇到了王母娘娘，他求了一颗仙丹，只要吃了就能成仙。不过后羿舍不得妻子嫦娥，回家后把仙丹交给了嫦娥，谁知这事被逄蒙知道了，他趁后羿外出时来抢药，嫦娥一急之下，把仙丹吞了下去。她刚一吞下，身子就飘离地面、冲出窗口，向月亮飞去，成了神仙。

后羿回到家，知道事情的缘由后，悲痛欲绝。就在他仰望着夜空呼唤爱妻的名字时，忽然发现月亮格外明亮，而且有个晃动的身影酷似嫦娥。于是他在嫦娥喜爱的后花园里，摆上香案，放上她平时最爱吃的蜜食鲜果，遥祭在月宫里的嫦娥。百姓们知道这个消息后，也在院里摆设香案，向嫦娥祈求吉祥平安。从此，中秋节拜月的风俗就在民间传开了。

中秋节始于汉代，定型于唐朝初年，盛行于宋朝以后，它寄托了人们祈盼丰收、幸福的美好愿望，但是中秋节也有忌讳。

1. 送礼送双不送单。

中秋送礼不能随意送，要注意礼物不能选择单数，就是礼品的种类和礼品的数量，都要选择双数，送礼送双数，是为了有一个好的寓意，象征圆满和吉祥。

2. 不和别人发生口角。

这天人们都要开开心心的，面带微笑，要做到与人为善，尽量不动怒、不吵架。

3. 送新不送旧。

不要把别人送给自己的东西又转手送给第三个人。

4. 不送明码标价的礼物。

当一份礼物上面标着多少钱，这样其实很不礼貌，收礼的人也会比较尴尬。

九月九重阳节

重阳节是一个敬老的节日。

谢地决定，无论爸爸、妈妈有多老，他永远都不会离开他们。

谢地和波比来到老人家门前，轻轻敲门。

回家的路上，谢地感觉自己整个人都要飘起来了。

传说有一个叫阿牛的农夫，他的母亲在他的父亲去世后，因为伤心欲绝患了眼疾。阿牛想尽各种办法，都没有治好母亲的眼睛。一天晚上，他做了个梦，梦里有个姑娘指点他，让他在九月初九那天去天花荡，在荡中寻一株白色菊花，这株白色菊花能治好他母亲的眼疾。虽然阿牛觉得那只是个梦，但他还是想试一试，于是在九月初九那天，他真的去了天花荡寻菊花，没想到真的有一株白菊。阿牛挖了这株白菊，回家煎成汤给母亲服下。不久，他母亲的眼疾竟然真的被治好了！从此以后，阿牛就开始种起了白菊。

后来，民间便把九月初九这一天称为菊花节，同时也有了赏菊、饮菊花酒的习俗。

尊老敬老是中国的传统美德，而重阳节是一个孝敬老人的节日。“重阳”也叫“重九”，属于吉祥之日，所以一定要注意自己的言谈举止。

1. 忌送菊花。

菊花只是祭祀用的，并不适合送给还活着的人，不管是白色的还是黄色的菊花，都不要送。

2. 忌让长辈做饭。

重阳节又叫“老人节”，是为了提醒大家要孝敬长辈，所以这一天就不要再让长辈做饭了哦！

3. 忌穿鲜艳的衣服。

重阳是一个严肃的节日，尽量不要穿得花花绿绿的，这是对先人的不敬。

4. 忌互相道快乐。

不是所有的节日都要道快乐、送祝福的，重阳节的寓意是老人健康长寿，所以要用平安康泰来代替节日快乐。

母亲节更要表达爱意

母亲节到了，谢地想要为妈妈做件事。

打扫完卫生的谢地很泄气，因为妈妈又打扫了一遍。

谢地坐在桌前，给妈妈写起了信。

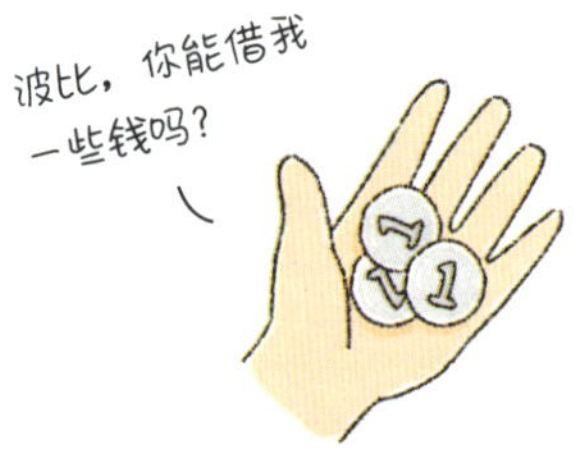

谢地送给妈妈一小束康乃馨，妈妈高兴得热泪盈眶。

在古希腊时，就已经有母亲节，不过现代的母亲节则源于美国。

现代母亲节由美国人安娜发起，她提出要设立一个节日给无私奉献的母亲们，这一提议在 1913 年通过了美国国会，确立每年 5 月的第二个星期日为法定的母亲节。

虽然母亲节是西方的节日，但对每一个国家来说，都有着非凡的意义，感谢母亲、感恩母亲，是世界上每一个人都应当重视的。各国文化存在着明显的差异，所以不同国家庆祝母亲节的形式也有所不同，但一致的是，在母亲节这天，孩子们会为母亲精心挑选礼物，全家人聚在一起，一起享用美食，以表达对母亲的祝福。

在中国，除送母亲其他礼物外，还会给母亲送上一束象征母爱的康乃馨作为祝福。

中国每年五月的第二个星期日便是母亲节，这一天是用来感谢母亲的节日。鸦有反哺之义，羊有跪乳之恩，马无欺母之心，母亲给予孩子的爱是无私且伟大的，我们一定要懂得感恩。

1. 中国母亲节习俗。

在每年五月的第二个星期日，大家会为母亲送上温馨的礼物表达爱意，还可以用贺卡、康乃馨、忘忧草表达对母亲的感恩之情。

2. 埃及母亲节习俗。

埃及各地的青少年都要给母亲赠送鲜花和礼物，为母亲举办音乐会和文娱演出，并评选出全国最理想的母亲。

3. 法国母亲节习俗。

法国母亲节定在五月的最后一个星期天，全家人聚在一起享用晚餐，用餐完毕后端出专为母亲做的蛋糕。

4. 希腊母亲节习俗。

在希腊，每年的 1 月 8 日为“主妇休息日”，妇女们放下家务，可以尽情地吃喝玩乐。

不要忽视父亲节

谢地思来想去，准备为爸爸买一把剃须刀，作为父亲节的礼物。

谢地和波比决定出门为爸爸选礼物。

谢地在专柜前挑来挑去，很难有满意的。

谢地的钱正好买了那个他看上的剃须刀，这让他很高兴。

关于父亲节的由来，一种说法是：1909 年，美国华盛顿的布鲁斯·多德夫人，在庆贺母亲节时产生了一个念头：既然有母亲节，为什么不能有父亲节呢？多德夫人和他的五个弟弟早年丧母，他们由父亲一手抚养长大。许多年过去了，姐弟六人每逢父亲的生辰或忌日，总会回想起父亲含辛茹苦养家的情景。在拉斯马斯博士的支持下，她提笔给州政府写了一封言辞恳切的信，呼吁设立父亲节，并建议将节日定在 6 月 5 日她父亲生日这天。州政府采纳了她的建议，并将父亲节定为 19 日，即 1909 年 6 月第 3 个星期日。翌年，多德夫人所在的斯坡坎市正式庆祝这一节日，市长宣布了父亲节的文告，确定这天为全州纪念日。

各方面强烈呼吁议会承认这个节日。1972 年，尼克松总统正式签署了设立父亲节的议会决议。这个节日终于以法律的形式确定了下来，并一直沿用至今。

1. 中国的父亲节。

中国庆祝父亲节的形式比较多样，除给父亲送礼物外，还有别的方式，如以照片的形式见证与父亲的感情，也有拍摄微电影等。

2. 美国的父亲节。

在父亲节这一天，凡是父亲已故的美国人都会佩戴一朵白玫瑰，而父亲在世的人则佩戴红玫瑰。在父亲节当天，早餐一般是由子女们来做，父母可以继续睡觉，不必早起。

3. 日本的父亲节。

在日本父亲节这天，子女一般要给父亲写一封信，并将信大声地念给父亲听，感谢父亲的生身和养育之恩，还会亲手帮父亲洗澡、搓背。

4. 俄罗斯的父亲节。

俄罗斯的父亲节这天，也是俄罗斯的“祖国保卫日”。这一天全国各地都会举行庆祝活动，男士们不用上班，可以尽情享受生活，开怀畅饮。

5. 泰国的父亲节。

在这一天，泰国的男女老少都会穿着黄色的衣服，去寺庙为国王祈福，为父亲祝福。对泰国人来说，一辈子最美好的祝福，就是有幸在父亲节那天到皇宫接受国王的祝福。

正式场合有礼仪

开学典礼很重要

今天是学校最隆重的一天，因为要举行开学典礼。六年级的学生带着一年级的新生从另一个方向走来。

最重要的环节开始了，全校师生唱起了国歌。

学校为一年级新生准备了独特的开笔礼仪式。

谢地觉得这些新生的梦想都很远大。

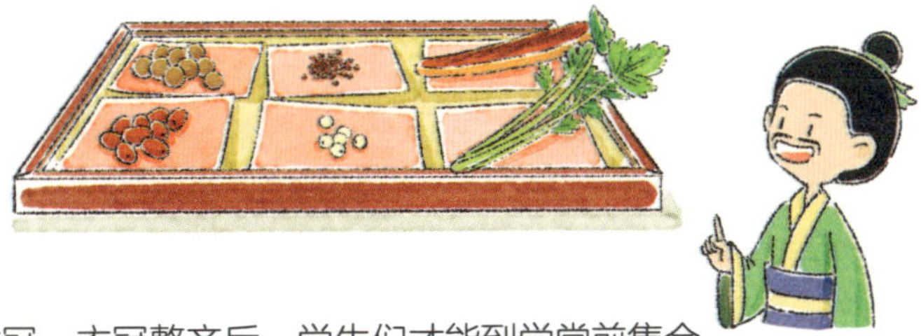

自中国古代就有入学礼，古代学生初次入学的仪式叫作“入泮（pàn）礼”，总共有四个步骤：正衣冠、拜师礼、净手净心、开笔礼。

正衣冠是由先生帮学生整理衣冠，衣冠整齐后，学生们才能到学堂前集合。

拜师礼就是学生先要叩拜孔子牌位，双膝跪地，九叩首；然后拜先生，三叩首。

拜师礼结束后，学生要按先生的要求“净手净心”。“净手”就是将手放入水盆洗净，手心、手背各洗一次，然后擦干，其寓意是以净手来净心，去杂存精，学生在日后的学习中务要专心致志。

最后一步是用朱砂开智。先生手持蘸着朱砂的毛笔，在学生眉心处点上一个像“痣”一样的红点，其寓意是从此开启智慧，目明心亮；接着是描红开笔，学生在老师的指导下学写人生的第一个字。

小学生入学第一天就要学习和背诵小学生日常行为规范，老师会告诉大家要——讲文明、懂礼貌、知礼仪、懂廉耻，所以入学礼仪一定要重视。

1. 见到老师要问好。

见到老师要面带微笑，大方礼貌地问候：“老师好！”

2. 积极参与互动。

面对活动中的互动环节，要积极参与，礼貌提出疑问和回答，和同学之间分享活动心得，在活动中学习知识，提升个人素养。

3. 要穿校服参加典礼。

应按规定穿校服参加典礼，衣服干净整洁，如果需要系红领巾的同学，要按规范系红领巾。

4. 专心聆听代表发言。

坐立行要有良好的姿态，显得有精气神，专心聆听代表发言，适时适度鼓掌，以示尊重。

一年一度的毕业典礼

今天，是六年级学生的毕业典礼。

典礼一开始，六年级学生在大家的掌声中陆续地走进了会场。

每个人的脸上都洋溢着笑容。

回到教室的学生们还沉浸在毕业典礼的氛围中。

毕业典礼是学生们在完成一定阶段学习后的重要仪式，它具有多重意义。

（1）对学生努力学习的肯定：毕业典礼标志着学生们在某一阶段的学习结束，是对他们在校期间所付出努力的认可和奖励。

（2）记忆的珍藏：对小学生而言，毕业典礼是小学生活的结束，也是新学习阶段的开始，它给孩子们留下了深刻的记忆，是终生难忘的经历。

（3）承上启下的作用：小学毕业典礼标志着小学学习的结束，预示着孩子们即将走进新的学习阶段，具有承上启下的作用。

（4）感恩和责任心教育：毕业典礼能帮助孩子们树立远大的理想，为健康成长打下坚实基础。

（5）对孩子的重视：毕业典礼让孩子们有机会认识自己、总结自己、展示自己，增强自豪感。

（6）交流和展示的平台：毕业典礼为师生共聚一堂提供了机会，也为同学们提供了一个相互交流和展现个人魅力的舞台。

礼仪是礼节和仪式，毕业典礼也有其基本的礼节和仪式。

1. 提前进入会场。

一般要提前30分钟进入会场，服从老师的安排，尽快就座。

2. 保持安静。

不要和同学叽叽喳喳地聊天，要保持安静，尤其不能带手机等通讯设备。

3. 不要随意走动。

要自觉维护场内秩序，不要随意走动。

4. 有序退场。

毕业典礼结束后，要在老师的指引下有秩序地排队退场，没有特殊情况，不要提前退场。

庄严的升旗仪式

谢地长久以来的愿望终于要实现了——去天安门，观看升国旗仪式。

人们伫立在充满寒意的晨曦中，等待升旗仪式。

国旗护卫队的卫士们擎着五星红旗来了，他们踏着坚实有力的正步，英姿飒爽地走过来了。

谢地站正身姿，行注目礼。

爸爸站正身姿，行注目礼。

谢地走在马路上，口中滔滔不绝。

你知道天安门国旗护卫队由多少名队员组成吗？36 名！他们负责每天升降国旗。

在升旗仪式的过程中，从金水桥走到国旗杆下的步数，总共要踏 138 个正步，每跨一步都要达到 75 厘米的标准，动作要整齐如一。96 步，是升降旗方队正步穿过长安街的步数。2 分 07 秒，是国旗升起的时间，这个时间正好是太阳露出地平线到整个太阳与地平线相切的时间。一年 365 天，天安门广场上每天一定有一面五星红旗和太阳一同升起。

中华人民共和国国旗旗面为红色，象征革命，旗上的五颗五角星及其相互关系象征共产党领导下的革命人民大团结。国旗带给我们的不仅是荣耀，更多的是爱国情结。

护中国旗、壮中国威，是天安门国旗护卫队官兵的神圣职责。

通过参加升旗仪式，可以增强对国家的认同感和归属感，培养爱国主义精神和集体主义精神。对于青少年来说，升旗仪式是一种很好的爱国主义教育方式，可以帮助他们培养爱国情怀。

1. 升旗时要肃立、端正。

当听到“升国旗，奏国歌”时，要立正，脱帽，行注目礼，直至升旗完毕。注意不管手头有什么事情，都要对国旗行注目礼（少先队员行队礼、军人行军礼）。

2. 面向国旗行注目礼时神态要庄严。

当五星红旗徐徐升起时，在场的人应该仰视。国歌奏响时，走动或经过现场的人员都应停步，面对国旗，自觉肃立，待升国旗完毕后，方可走动。

3. 保持安静。

在升旗仪式进行过程中，要在原地肃立不动。不能东张西望，交头接耳，嬉闹谈笑，这些行为都是对国旗的不尊重。

4. 注意仪态。

参加升旗仪式时，身体直立，挺胸昂首，双手下垂靠拢身体两侧，保持立正姿势，眼睛始终随国旗移动。

做懂礼、知礼的运动员

学校举行一年一度的运动会。谢地和同学们在跑道上奔跑。

谢地满头大汗，边跑边想：

谢地越跑越慢，他感觉自己毫无希望。

谢地盯着自己前面的同学，奋起直追。

谢地边跑边扭头看着摔倒在地上的同学，犹豫着：

波比和谢地走在回家的路上，他们看起来很开心。

在第十六届亚运会的男子自由式摔跤比赛上，进行 60 千克级铜牌争夺战之中，中国选手高峰对阵的是来自伊朗的扎林科拉伊。谁知在第一回合时，扎林科拉伊被撞伤了膝盖，不过即使如此，他还是忍着疼痛坚持参加比赛。比赛即将结束时，扎林科拉伊倒在了地上，他没法继续参赛了。最终，高峰获胜。

获胜的高峰并没有为自己的胜利而欢呼雀跃，他径直走向受伤的扎林科拉伊，把他抱下了比赛台，送回到伊朗教练身边。高峰完美地诠释了友谊第一、比赛第二的体育精神。

在赛场上，运动员应本着友谊、平等的原则参加体育运动。运动员的素质高低不仅代表着个人，还代表着集体，知礼懂礼的运动员不仅能体现个人修养，还能赢得观众和竞争对手的认同和尊重。

1. 向裁判员致敬。

在赛前、赛后，应向裁判员致敬，或握手或上前交谈几句。

2. 尊重和服从裁判员的判决。

在赛程中，应尊重和服从裁判员的判决，即使有错判、漏判，也应在比赛暂停阶段或比赛结束后，由个人、领队、教练员或队长提出。

3. 举止大方，礼貌热情。

在领奖时，应衣冠整齐，步履轻松，举止大方，同时应热情地向全场观众挥手致意，或鞠躬、点头致谢。

4. 主动将奖杯递给其他队员。

集体登台领奖时，可主动把奖杯递给其他队员，让全队队员一起分享这一时刻的欢乐和喜悦。

上台领奖时注意礼仪

谢地获奖了，他激动地准备去参加颁奖典礼。

颁奖典礼开始了，同学们都面带笑容。

终于轮到谢地上台领奖了，他努力地挺直身子，走上了台。

谢地抱着奖状和奖品，和波比高高兴兴地走在路上。

本格·兰德从小喜爱拳击，23 岁的他参加全国拳击大赛，连着两次获得亚军。一位资深教练告诉他：“你要想象自己至少站在拳王领奖台上 1000 次。”

“想象能有这么大的作用吗？”他问。“世上的每件事情，都是被想象复制出来的。它能够引爆神秘的力量，想象中，你在拳王领奖台上站了 1000 次之后，你绝不会输。”本格·兰德开始观看各种拳击比赛的颁奖录影带。在他的想象里，他无数次站上领奖台，接受如潮的掌声与喝彩。

慢慢地，他从想象的画面中，进入现实的画面里，他后来果然在全国拳击大赛中成了拳王。一位记者问他，当他走上颁奖台，面对台下那么多的观众时，会不会紧张？本格·兰德回答：“不，我一点儿都不紧张。因为，这是我第 1001 次站在这个冠军领奖台上了。”

可以在上台之前做几次深呼吸，深吸一口气以后憋住一段时间，再慢慢地呼气，做几次类似的循环动作后，能够有效地缓解紧张的情绪。

1. 注意着装。

参加颁奖典礼，一定要按邀请函上的要求着装，如果没有注明，也要穿正装，以示尊重。

2. 面带微笑。

上台时要保持自信的微笑，同时不能忽视引导人员，要向其点头示意和微笑，以示尊重。

3. 步伐坚定。

步伐要坚定有力，不能懒懒散散。

4. 点头致谢。

与颁奖人员握手，腰身微弯，并点头致谢，同时要微笑着礼貌地说“谢谢！”

5. 展示胜利成果。

当奖品拿到手中时，可以象征性地举过头顶向观众展示自己的胜利成果。

每个人都要遵守游戏规则

谢地和波比上街去买机器人专用饮料。

谢地决定听波比的话，去捡瓶子卖。

波比很恼火，它盯上的瓶子被别人捡走了。

谢地提着一袋瓶子和波比走在回家的路上。

在美国哈佛大学的图书馆内，一直珍藏着哈佛牧师的一批书籍。学校规定，学生只能在馆内阅读，不能带出馆外。然而在 1764 年的一天深夜，哈佛大学的图书馆遭遇了一场火灾。这场火灾把一个学生推到了痛苦的处境，最后，他经过思想斗争，终于做出选择。原来在大火前，他违反图书馆的规定，偷偷把哈佛牧师捐赠的一本书带出了图书馆，打算阅读完后再归还。谁知大火之后，这本书成了稀世珍本。

这位学生忐忑不安地去找了校长，把情况说明后，将书郑重地交给了校长。校长对他表示感谢后，对他的诚实予以褒奖，随后便把他从学校开除。赏罚分明，一点儿也不拖泥带水。校长的做法，既是对规则的敬畏，也是对规则面前人人平等的最好诠释。

遵守游戏规则是安全、愉快地玩游戏的保证，更是活动的保证。遵守游戏规则，我们才能玩得更开心、更安全。

1. 体验安全感。

在参与游戏时，可以体验遵守规则带来的秩序感和安全感。

2. 了解和遵守游戏规则。

知道和了解游戏中的规则后，就要去遵守。

3. 感受集体活动的乐趣。

在遵守游戏规则的同时，感受参加集体活动的乐趣。

4. 验证规则的合理性。

在规则里玩游戏时，也需要验证下规则是否合理。

公共场所
有礼仪

乘坐公交车要守规矩

谢地要去鼓楼学琴，爸爸建议他自己去。

谢地来到公交车站，波比躲在树后面。

谢地怀着忐忑不安的心情上了车。

因为波比的到来，谢地既高兴又尴尬。

1827 年，法国巴黎一家浴室的老板制造了第一辆极为简易的公共汽车来接送顾客，车厢是一个长长的箱子，马拉着车厢。直到 1831 年，英国人沃尔特·汉考克制造了世界上第一辆真正的公共汽车，命名为“婴儿号”。这辆公共汽车以蒸汽机为动力装置，可载客 10 人，在伦敦到特拉福之间运营。

德国的奔驰汽车公司制造了以汽油发动机为动力的公共汽车，但长途公共汽车的运营则源于美国，在 1910—1925 年间，美国开辟了许多条长途公共汽车的路线，以此连接没有铁路的地区，当时的公共汽车一般可载客 20 余人。

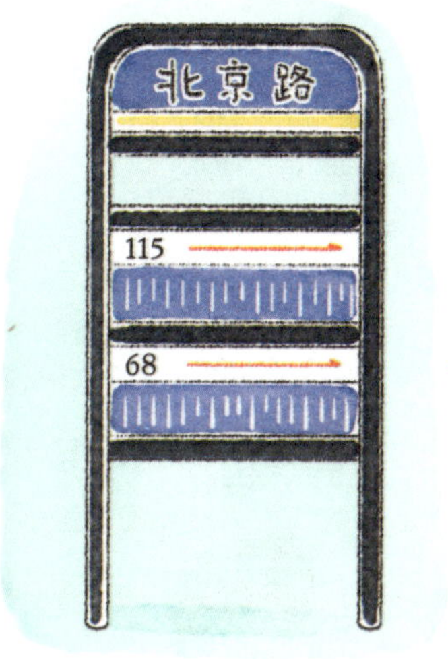

上学、放学、外出时，我们经常需要乘坐公交车，懂得乘坐公交车的规矩和礼仪，以显示个人的礼貌和修养。

1. 找对公交车站。

询问路人，找对公交车站。

2. 排队上车。

要自觉遵守“排队上车、先下后上”的文明礼仪规范。

3. 上车后，尽量往车厢里面走。

上车后，尽量往车厢里面走，不要停留在车门口，以免影响其他人上车。

4. 不要大声说话，避免在车内进食。

不要在车上喧哗，也尽量避免在车内进食。

5. 不要堵塞通道。

不要把自己的随身物品放在座椅或通道上。

爱护地铁内的环境

五一放假这几天，谢地和波比打算乘地铁去游乐园。

谢地和波比既紧张又兴奋。

谢地据理力争，乘客们向谢地投来赞许的目光。

谢地不但学会了乘地铁，还感受到了温暖。

世界地铁之父是英国的一名律师查尔斯·皮尔逊。

1843 年，伦敦涌入大量的劳动力，街道拥挤不堪，急需一种更好的运输工具，于是查尔斯·皮尔逊向议会提出了建造地下铁路的提案，并亲自设计和投资，直到 1863 年，用蒸汽机车作为动力的地铁终于建成并开通。这条地下铁路全程仅 6.5 千米，但开通之后，第一年的运载客流量就达到了 950 万人次。此后，其他国家也纷纷开始建造地下铁路。

1890 年，建造地铁采用了管状铁道，该方式运用液压冲头快速钻通泥土，其效率超越了之前“挖—盖”的方式。地铁给人们的出行带来了极大的便利，也成了各大城市快速发展的标志。

为了保持安全有序、整洁舒适的地铁乘车环境，在地铁里严格禁止吸烟、便溺、随地吐痰、大声喧哗、吃味道重的食物等行为，我们要爱护地铁内的环境。

1. 文明乘自动扶梯。

乘自动扶梯时，要靠右侧站立，让赶时间的乘客从左侧快速通过。

2. 言行要文明。

要注意言谈举止，不要在站内大声说话，也不要在站台上奔跑。

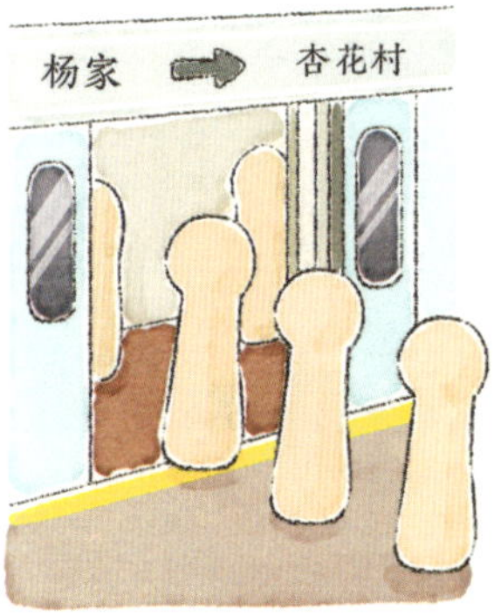

3. 注意礼让，看准安全线。

要排队候车，不要推撞他人，站在黄色安全线外耐心等候。

4. 配合安检工作。

配合安全检查，禁止携带各类易燃易爆危险品和违禁品乘坐地铁。

5. 不要占座。

行李等物品不要放在座位上，以免影响他人入座。

乘坐高铁的礼仪

谢地一家要乘坐高铁去上海旅游。

远处传来隆隆的响声。

列车如同一条长龙飞快地驶来。

谢地一家排队上了高铁。

坐高铁到上海只需要四个多小时！太方便了！

我国高铁的发展历程可以分为三个阶段：起步阶段、高速发展阶段和全球领先阶段。

（1）起步阶段（20 世纪 80 年代—2007 年）：1997 年，我国开始建设第一条高速铁路——京津城际铁路。2007 年，我国的高速铁路仅有少数几条线路，列车的运行速度也不高。

（2）高速发展阶段（2008—2015 年）：2008 年，我国开始大力发展高速铁路，2010 年，建成了京沪、京广、沪杭等高速铁路。2011 年，我国的高速铁路运行速度达到了 350 千米 / 小时。2015 年，我国的高速铁路里程达到了 1.8 万千米，高速铁路网基本覆盖全国主要城市。

（3）全球领先阶段（2015 年至今）：2015 年，我国的高速铁路里程已经超过了全球其他所有国家的总和。2017 年我国的高速铁路运营速度达到了 400 千米 / 小时，中国高速铁路的发展进入全球领先的阶段。

从点滴小事做起，让文明之花盛开，让文明的硕果累累，在高铁上展示我们的民族精神。

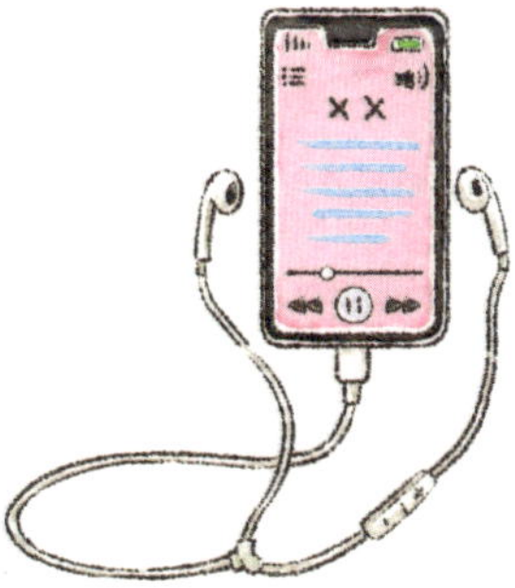

1. 配合工作人员做好安检工作。

进入高铁站，要配合工作人员做好安全检查工作，文明候车行。

2. 不要大声喧哗。

在高铁车厢里接打电话或交谈时，不要大声喧哗；在观看电影或听音乐时，应戴上耳机。

3. 不要妨碍其他乘客。

当高铁列车到达时，有序上车，对号入座，将行李放在行李架上，避免妨碍其他乘客的通行。

4. 严禁携带危险品和违禁品乘车。

严禁携带各类易燃易爆危险品和违禁品进入高铁站。在高铁站或高铁列车上，如果需要帮助或遇到紧急情况，可以向车站工作人员或列车乘务人员寻求帮助。

人人都要文明出行

机器人波比出故障了，谢地只好自己去上学。

谢地站在路边，静静地等着。

谢地鼓起勇气，向斑马线前进。

谢地看着红绿灯，满怀信心。

据说斑马线源于古罗马时代的跳石。早在古罗马时期的庞贝城，车马总是与行人混行在一起，常常搞得市内拥挤不堪，经常会发生交通事故。为了解决这一问题，当时的人们便把车马道与人行道分开，还把人行道加高，并在靠近马路口的地方砌起一些石头——跳石，以此作为行人过马路的标志。慢慢地，不少城市都采用了这个办法。

直到 19 世纪末期，汽车盛行后，城市中车流滚滚，加上人们随意横穿马路，跳石已无法起作用。在 20 世纪 50 年代初期，英国人设计了一种横格状的人行横道线，并立下了规矩：行人过马路时，必须走人行横道。人行横道线很像斑马身上的斑纹，人们称人行横道为斑马线。这就是斑马线的来源，它对交通起着重要的作用。

在日常出行中，遵守交通规则是自身安全的保障，也是文明的标志。

1. 遵守行路规则。

步行要走人行道，过马路要走人行横道，如果是路口，一定要等绿灯亮了，观察两边没车时再通过。

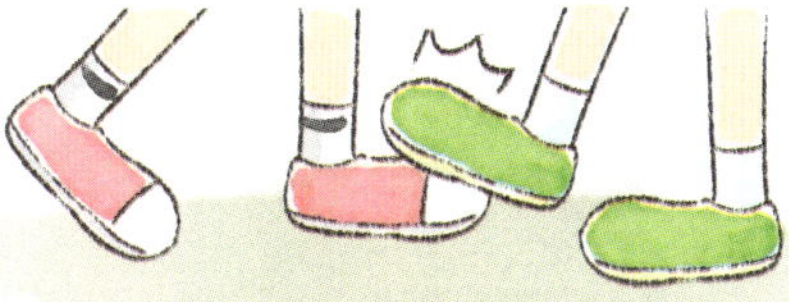

2. 要互相礼让。

马路上车水马龙，更要相互礼让。在特别拥挤的地方，不小心撞了别人或踩了别人的脚，要主动道歉。

3. 不要妨碍交通。

在路上偶遇朋友，不要站在路当中或拥挤的地方说话，应靠边站立，以免妨碍交通，增加不安全隐患。

4. 不要左顾右盼。

走路时，挺胸抬头，目视前方，不要左顾右盼，东张西望。

维护校园秩序很重要

新学期开始，几个同学留下来一起收拾教室，谢地是最后一个走的。

谢地和大哥哥一起继续打扫卫生。

几分钟后，大哥哥提着干净的垃圾桶回到教室。

正聊得开心，大哥哥突然蹲下去捡操场上的纸屑。

有一句诗这么说：“一花独放不是春，万紫千红春满园。”我们可以把句子里面的“春”比喻为美好的社会。要建设美好的社会，仅靠一个人的力量是不够的，需要人人都有良好的行为。

学会求助报告。有人盗窃公共财产、损害公众利益时，要学会报警。少年儿童不要单枪匹马与犯罪嫌疑分子面对面地做斗争，要迅速想办法，向周围的人求助。如果公共财物遭遇火灾，要马上拨打 119 报警，求助更多的成年人抢救公共财物。

做力所能及的事情。如果公共财物被损坏了，我们可以做一些力所能及的事情。比如，洁白的墙壁、平整的桌面因遭到乱涂乱画而不堪入目，我们可以拿起抹布擦洗干净；如果桌椅上的螺丝松了，我们可以拿工具拧一拧；校园的花草被踩踏，我们可以扶一扶；教室里的门窗有损坏的，我们可以想办法修一修。从小事做起，从一点一滴做起。

1. 爱护校园卫生。

自觉爱护校园卫生，不乱扔纸屑、粉笔头、果皮、包装袋，不随地吐痰，将垃圾收集好，扔到指定的地方。

2. 爱护标语牌。

爱护标语牌、警示牌、格言牌以及校内的花草树木。

3. 节约水电。

节约用水用电，不开长明灯，夏季出教室后记得关掉空调或者电扇。

4. 不乱涂、乱画。

不要在黑板、墙壁和课桌椅上乱涂、乱画、乱抹、乱刻。

在公园也要讲公德

公园里热火朝天，谢地东瞧西看，不知道究竟该走哪条路。

妈妈和奶奶去看戏了，谢地和波比跟着爸爸去坐转转飞机。

谢地和波比坐上了一会儿高一会儿低的飞机。

转转飞机突然停在半空中，大家恐慌起来。

原来是工作人员想给大家一个刺激，让转转飞机暂停了 7 秒。

中国古代有公园吗?

在宋朝时，就已经出现了公园建制。所谓的公园建制，就是指制度化的城市公园建设，这些城市公园，当时名叫郡圃、州园、公园、县圃。

可以说，当时比较大的城市，都会有这样的公共性园圃。这些公共性园圃都是官府修建的，而且对公众开放，也就是说任何一个人都可以入园游览，只不过开放的形式分为两种，一种是长年开放，一种是定期开放。

《东京梦华录》有写：“州西北元有庶人园，有创台、流杯亭榭数处，放人春赏。”还有杭州的西湖公园，在周密的《武林旧事》里有记载：“时承平日久，乐与民同，凡游观买卖，皆无所禁。画楫轻舫，旁午如织……往往修旧京金明池故事……”

去公园游玩是一种常见的休闲方式。不过去公园时，应当讲究社会公德和遵守有关的游园礼仪。

1. 应以休闲装为主。

去公园时，应以休闲装为主，可穿着牛仔服、运动服等，穿得过于正式，与游园的轻松气氛不协调，自身感受也不舒服。

2. 自觉排队。

参加娱乐项目时，应当自觉排队，讲究先来后到，不要一拥而上。

3. 不要刻画和攀登。

不应乱写、乱刻、乱画，不随意在树木、雕塑、建筑上攀登、乱摸、乱碰，肆意践踏毁坏。

4. 不要在草地或花丛中拍照。

不应进入“请勿入内”的草地或花丛中拍照，也不应到危险或不宜攀登的地方照相。

图书馆的礼仪之“美”

妈妈带谢地去图书馆阅读、借书。

谢地对图书馆充满了好感。

谢地想要看一本书，工作人员开始查电脑。

一位老奶奶帮妈妈找到了那本书，原来是《飘》，她把书举得高高的，像在欢呼自己的胜利。

马克思非常喜欢阅读，在英国伦敦的大英博物馆图书阅览室里，直到现在还保留着他当年每天去看书的“专座”，在那个专座的地毯上，还有着明显的两行脚印。

马克思在伦敦居住时，每天都会去图书馆的阅览室看书，从早上 9 点到晚上 7 点，就像上班一般，非常准时。他在这里研究了大量的文献、阅读了大量的珍贵资料，每次去，他都坐在一个固定的座位上，时间一长，大家都把那个座位当成他的专座。久而久之，大家都会根据这个“专座”来判断马克思的近况，如果哪一天这个座位是空着的，就说明他有什么紧急的事或者生病了。

他在图书馆的时间太长了，在那个座位上也坐得太久了，椅子下的地毯被磨出了两条长长的足印，可见马克思当年研究学问有多刻苦。

图书馆作为“人类智慧的宝库”，是读者阅览图书、学习知识的公共文化场所，共同营造文明舒适的阅读环境，不仅是我们文化素养和气质的体现，也是每位读者应尽的责任和义务。

1. 整洁、正式。

保持双手的干净，没有油腻污渍，这样才不至于翻书时把书弄脏。着装整洁得体，每个纽扣都要扣好，不要披衣散扣。

2. 尽量不要出声。

保持图书馆内的安静，就要求读者做事要轻手轻脚，说话要轻声细语。进入图书馆走路要轻，入座起座要轻，翻看书刊要轻。在图书馆里要尽量少说话。

3. 爱护图书。

查阅图书目录卡的时候，不要把卡片翻乱撕坏，也不应在卡片上涂画。要爱护图书，轻拿、轻翻、轻放。

4. 阅后放原位。

离馆时，要把书刊放回原处，不能随便放在桌子上。自己的纸笔要记着带走，应自觉将废弃的纸张扔到馆内的垃圾篓或带到馆外扔到垃圾箱内，自觉把桌椅复归原位。

在游乐园玩耍时，要守规矩

周末，爸爸带谢地和波比去游乐场。

谢地围着两辆车转，爸爸转弯去追。

谢地向波比介绍，碰碰车就是这样玩的。

谢地觉得波比的机器大脑还没转过弯来，反正他要去玩别的。

游乐场最早起源于欧洲。

最早的游乐场是移动式的，表演者在表演时会收取一些费用。直到中世纪末，一种全新的固定式游乐场在欧洲出现了。目前已知最早的固定游乐场是始建于1583年的巴肯游乐场，它位于丹麦的首都哥本哈根以北，有着世界上最古老的木制云霄飞车。

主题公园一般认为起源于荷兰，据说荷兰的一对马都拉家族夫妇，为了纪念在第二次世界大战中牺牲的儿子，便兴建了一个微缩荷兰120处风景名胜的公园。此公园于1952年开业，随即轰动了欧洲，成为主题公园的鼻祖。

1955年，美国的电影巨头沃尔特·迪士尼在加利福尼亚州创建了迪士尼乐园，它将迪士尼电影场景和动画技巧结合，制作了很多机械设备，一举风靡美国，而后传到世界各地。

1. 按规矩行事。

体验完一项游乐园项目时，如果想要再玩一次，就要重新排队，不可长时间占用。

2. 安全第一，规范操作。

安全第一，规范操作。游乐园是深受广大青少年朋友喜爱的现代休闲娱乐场所之一。游乐场里的设施一般以动态项目为多，每位游客在使用游乐设施之前都应认真倾听相关的安全知识讲解和安全事项说明，并接受必要的使用指导和培训，以掌握基本的操作要领。活动中则应严格按规程行事，绝不可掉以轻心。

3. 举止文明。

在游乐场内，同样须注意个人的言谈举止，即便游兴颇高，也不得随心所欲。参加游乐项目，应自觉排队等候，切勿随意插队或争抢，以免发生拥挤，造成混乱。

4. 不攀爬、不翻越。

不翻越、攀爬栏杆、护栏等，参与项目应符合身高和安全的规定，量力而行。

做文明观影人

谢地和波比去看电影，波比的情感线路启动了……

看到谢地戴眼镜，波比也戴上了专用眼镜。

电影里的油漆飞溅，谢地伸手去抓。

走出电影院，谢地感觉自己像做了一场梦。

看了那么多电影，你知道电影是什么时候诞生的吗？

其实电影和电影院的历史并不算长，1895 年，世界上第一批电影是由法国的电影先驱路易・卢米埃尔和奥古斯特・卢米埃尔兄弟用“活动摄影机”拍摄的。同年，电影在法国巴黎卡普辛路 14 号大咖啡馆的印度沙龙首次放映，这便是最初的电影院。

那么电影是什么时候传到中国的呢？是光绪二十二年，也就是 1896 年，那时不叫电影，叫电光影戏。直到 1905 年 6 月 16 日，天津的《大公报》首次使用了“电影”一词，并沿用到今天。

电影刚传到中国时，大多是在茶园、戏园或空地上放映的。

人们普遍认为中国的第一家电影院是建于 1908 年的上海虹口大戏院。

在看电影的过程中，要注意观影礼仪，这不仅能体现一个人的文明素养，也影响着身边人的观影体验。

1. 开映之前进入电影院。

一般在电影放映前 15 分钟开始验票入场，尽量在这段时间内进入放映厅，并找好座位。

如果熄灯后进入放映厅，最好等眼睛适应黑暗后再进去，或者请工作人员带你进入，入座后，应该向周围的人表示歉意。

2. 坐姿端正。

坐姿端正，不要影响他人观影。不要抖腿，不要伸长脖子以免影响后排的人观影。

3. 手机要静音。

不要让手机铃声影响他人，如果需要接电话，最好走到外面。

4. 吃东西的礼仪。

不要食用用纸或塑料袋包装起来的食品，因为它们会发出沙沙声。如果要吃东西，一定要考虑周围人的感受。为了保持电影院的清洁，可准备一个塑料袋装垃圾等。

在博物馆应遵守的礼仪

老师带学生们去博物馆参观。

看着一个个真实的恐龙化石，同学们纷纷发出了惊叹的声音。

这次的博物馆之旅让谢地大开眼界，从动物到人类，从古到今，让他感受到了生命的伟大。

2022年8月24日，国际博物馆协会（ICOM）官网正式公布博物馆的新定义：“为社会服务的非营利性常设机构，它研究、收藏、保护、阐释和展示物质与非物质遗产。向公众开放，具有可及性和包容性，博物馆促进多样性和可持续性。博物馆以符合道德且专业的方式进行运营和交流，并在社区的参与下，为教育、欣赏、深思和知识共享提供多种体验。”这一定义在一定程度上体现了二十一世纪博物馆发展的新趋势。

随着社会的发展，如今博物馆已经以多种功能和多种层次服务于社会，在现代生活中占有不可忽视的地位。

在中国，博物馆的基本任务是：适应社会主义现代化建设的需要，收集保藏文物和标本，进行科学研究，举办各种陈列展，提高整个中华民族的思想道德素质和科学文化素质，促进社会主义精神文明建设，为社会主义现代化建设服务。

1. 着装不要过于随意。

参观时不要衣冠不整，这样会很不协调，会破坏整个参观氛围。进场时，大型背包、雨伞等一律留在馆外，以避免在走动时身上的东西碰倒展览物品，或刮伤艺术品。

2. 不要大声喧哗。

有些美术馆为了提供最佳的欣赏环境，是不准在馆内解说画作的。如阿姆斯特丹的梵高美术馆就有上述的严格规定，以让大家都能平心静气地凝神欣赏这些震撼心灵的作品。

3. 不能乱摸、乱碰展品。

博物馆里展出的艺术品都十分珍贵，一般严禁用手触摸艺术品或古物，其目的是防损。

4. 不带食物进馆。

全馆禁烟、禁食、禁饮以保持参观场地的整洁，一方面可以保护珍贵的收藏品，另一方面为参观者提供一个舒适安宁的环境。

请不要在商场里乱跑

谢地一家去逛商场，每个人都有需要买的东西。

谢地劝波比不要在商场里喝饮料，万一把商品弄脏可就麻烦了。

谢地看着各种玩具赛车，但一看到价格就有些沮丧。

谢地如愿以偿，波比帮他买了他心仪的赛车。

你知道中国第一家百货商店是什么时候诞生的吗？

1900 年，哈尔滨就有了百货商店，叫秋林洋行，由俄国商人创建。几年后，由华人创办的百货公司，如先施百货公司、永安百货公司等相继出现。

于1917年在上海开业的先施百货公司，打破了以往的传统，创造了中国商业史上多个首次：首次雇佣女性售货员，首个综合性百货公司，首个将购物、娱乐相结合并提供“一条龙”服务的百货公司。

中华人民共和国成立后的第一家百货公司，是上海南京路步行街上的上海第一百货商店，它是当之无愧的“中华第一店”，据说开业第一天，就接待了上万名顾客。

1. 不要随便触摸食品。

应避免触摸商品，尤其是不能触摸售卖的食品。

2. 不要过分苛刻。

挑选商品时，不要漫无目的，随手乱指。不要过分苛刻，百挑不厌。对未选定的商品，不要乱动、乱用、乱抠、乱摸，以免造成损坏。

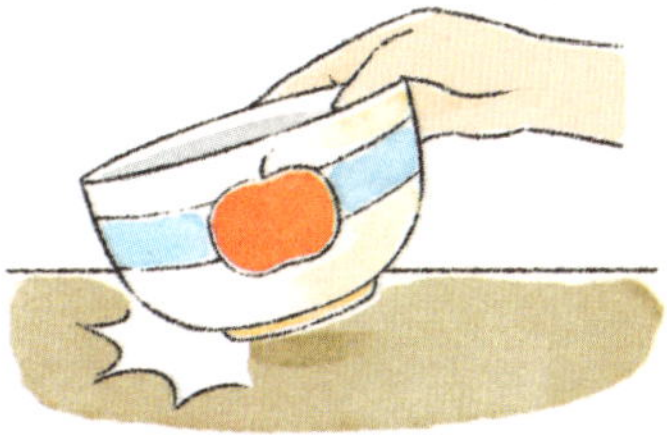

3. 要礼貌称呼。

购买商品时，要礼貌地称呼售货员，不要“喂喂”地叫，更不能用命令式的语气说话。

4. 轻拿轻放。

挑选商品时，要轻拿轻放，最后放回原处。

5. 自觉排队结账。

在收银台付款的时候要自觉排队，对老人、残疾人应该礼让。